FERDINAND LAUDAGE

Noch mehr
CRAFT BIER
SELBER BRAUEN

**OPTIMIEREN
VARIIEREN
EXPERIMENTIEREN**

INHALTSVERZEICHNIS

Vorwort 6

Equipment 11

Reinigen und Desinfizieren 13
Die Malzmühle 15
   SCHEIBEN ODER WALZEN? 17
BIAB – Brauen mit dem Maischesack 18
   BRAUEN OHNE NACHGÜSSE 19
Die Topfisolierung 21
Die Anlage vergrößern 22
   WIE VIEL BIER SOLL'S WERDEN? 23
Das Rührwerk 25
Gängige Läuterhilfen 27
Refraktometer oder Bierwürzespindel? 29

Der Würzekühler 32
Tipps und Tricks beim Flaschenwaschen 34
   WAS BRAUCHT'S FÜR DIE PUTZORGIE? 35
Das Märchen vom Flaschenbacken und Entlüften 37
Abfüllen und Verkorken 38
   UND WELCHES GEBINDE SOLL'S SEIN? 41
Das Flaschenmanometer 45

Rohstoffe 47

- Wasseraufbereitung und Maische-pH 48
  - WAS IST DIE RESTALKALITÄT? 49
  - DEIN BRAUWASSER AUFBEREITEN 50
- Besondere Malze und ihr Einfluss aufs Bier 51
  - PROJEKT ROTBIER 52
  - ALTERNATIVEN ZUR GERSTE 53
- Hopfen, die Seele deines Bieres 57
  - ALTERUNG UND OXIDATION VON HOPFEN 58
  - HOPFENSTOPFEN 2.0 58
  - HOPFENSTOPFEN WÄHREND DER GÄRUNG? 61
  - BRAUEN MIT WILDEM HOPFEN 63
- Hefe, der Star im Brauprozess 64
  - DIE GEBURTSSTUNDE DER LAGERBIERHEFE 64
  - TROCKEN- ODER FLÜSSIGHEFE? 65
  - REHYDRIEREN DER TROCKENHEFE 66
  - UNDERPITCHING UND OVERPITCHING 67
  - DER PREISUNTERSCHIED BEI HEFEN 68
  - DAS ERNTEN DER HEFE 68
  - DER HEFESTARTER 69
  - HEFE AUS DER BRAUEREI 70
  - BELIEBTE TROCKENHEFEN UND IHRE EIGENSCHAFTEN 71
  - LUST AUF EIN PILS? 73

> **Dein erstes Pils**
> Expertenmeinung: Tobias Palmer (Ruhrpottbrew) 74

  - ZWEI HEFEN IM EINSATZ 76

> **Was ist Brettanomyces?**
> Expertenmeinung: Markus Maurer (Bieragentur DO) 76

Brauprozess 79

- Extraktbrauen 80
  - SPRITTIGES BIER DURCH ZUCKERZUGABE 81
- Alkoholfreies Bier brauen 83
  - DER EINZIGE WEG FÜR DEN HEIMBRAUER 84
- Glutenfreies Bier brauen 85
- In kürzester Zeit zur Trinkreife 87
- Dekoktion 89
- Die Rasten beim Infusionsverfahren 92
  - WEITERE RASTSTUFEN FÜR DAS PERFEKTE BIER 93
- Der Schlüssel zur schönen Schaumkrone 94
- Der perfekte Trubkegel 96
- Abschöpfen der Hopfenharze 98
- Grünschlauchen 101
- Speise oder Zucker? 102
- Unfiltriert und trotzdem klar 104
- Barrelaging – Holzfassaromen für dein Heimgebrautes 106
- Wie du Bier lagern solltest 108
  - GESCHMACKLICHE VERÄNDERUNGEN MIT DER ZEIT 109
- Brau- und Bierfehler 111
- Gushing 113

Rezeptentwicklung 115

Auf zu neuen Ufern – das eigene Rezept entwickeln 116
Rezepte lesen lernen 118
WAS IST DIE AUSSCHLAGWÜRZE? 119
WAS VERSTEHT MAN UNTER SUDHAUSAUSBEUTE? 119
WAS HAT ES MIT DER GUSSFÜHRUNG AUF SICH? 119
WAS BEDEUTEN DIE VIELEN ABKÜRZUNGEN? 120

Ein Rezept verfassen 121
So entwickelt ein Kreativbrauer seine Rezepte 122

> So entsteht mein Bierrezept
> Expertenmeinung: Christian Hans Müller (Hanscraft & Co.) 123

Bierbrauen vor dem Reinheitsgebot 125
DIE GRUTABGABE, EINE FRÜHE BIERSTEUER 126

> Brauen im 14. Jahrhundert
> Expertenmeinung: Jürgen Knoke (Kölner Bierhistoriker) 126

Würze dein Bier nach deinem Geschmack 128
IN WELCHER PHASE KOMMEN KRÄUTER UND GEWÜRZE HINZU? 129
DIE RICHTIGE DOSIERUNG – KEIN LEICHTES UNTERFANGEN 130
WAS PASST ZUSAMMEN? 131
BRAUEN MIT FRÜCHTEN UND HONIG 133

Das eigene Lieblingsbier nachbrauen 134

Über den Flaschenrand 137

Foodpairing mit Craftbier im Freundeskreis 138
Das professionelle Verkosten 140

> Drei Gänge mit Bierbegleitung
> Expertenmeinung: Markus Maurer (Bieragentur DO) 142

> Treberrezepte von Jan Grün (Mof Mof, Aachen) 143

Treber-Pesto 144
Treber-Salat 146
Treber-Hummus 147
Treber-Krokant 148
Treber-Nussbrot 149
Dein Bier im Supermarkt? 150

> Der steinige Weg zur Vermarktung
> Expertenmeinung: Dennis Pfahl (MÜCKE Craft Beer) 151

Craftbierrezepte 155

Zeit für neue Biere 157
New England IPA 158
Black IPA 161
Saison 162
Rosmarin-Ale 165
Rotbier 166
Himbeergose 169
Vanilla Milk Stout 170
Gelbbier mit Grut 173
Pils 174
Pfeffer-Porter 177

Gut zu wissen 179

Glossar 180
Braubedarfshops 183
Die Experten im Internet 184
Hilfreiche Links 185
Nachgeschlagen 186
Der Autor 188
Bildquellen 188
Impressum 189

Der nächste Schritt zum Fortgeschrittenen

Bei aller augenscheinlichen Einfachheit ist das Bierbrauen doch ein wenig komplexer als es anfänglich scheint. Wenn du mein erstes Buch „Craft-Bier einfach selber brauen" gelesen hast, verfügst du jetzt über alle Basics zum Thema Heimbrauen und hast ein gutes Nachschlagewerk für den Braualltag parat.

Deine ersten Brautage hast du mit Sicherheit erfolgreich hinter dich gebracht und den einfachsten Weg zum Bier mit ein paar wohlschmeckenden Heimbrauerzeugnissen

gemeistert. Doch jetzt fragst du dich, wie du deine eigenen Craftbiere geschmacklich noch verbessern kannst? Oder was du bedenken musst, wenn du deine Brauanlage vergrößern möchtest? Oder wie du manche Arbeitsschritte eventuell noch vereinfachen oder sogar einsparen kannst?

Du bist auf der Suche nach neuen Rezeptideen oder möchtest lernen, wie du deinen Bieren eine persönliche Note verpassen kannst? Und ob es auch möglich ist, ein alkoholfreies oder sogar ein glutenfreies Craftbier zu brauen?

Herzlichen Glückwunsch, dann geht's dir wie mir damals: Du bist mit dem Brauvirus infiziert. In diesem Zustand bist du bereit, alle Informationen rund ums Bierbrauen einfach aufzusaugen. Am liebsten würdest du direkt deinen Job hinschmeißen und den lieben, langen Tag nur noch Bier brauen. Doch manche Wissenslücken gilt es bis zum Status des fortgeschrittenen Heimbrauers noch zu schließen.

Ich habe daher in diesem zweiten Band rund ums Thema Heimbrauen Antworten auf viele Fragen niedergeschrieben, die mir in den letzten Jahren und Monaten Brauschüler nach unseren Seminaren gestellt haben. Die meisten dieser Fragen habe ich mir in den ersten Monaten als Hobbybrauer auch selbst gestellt, unzählige Ansichten aus Büchern und dem Netz zur Kenntnis genommen, die passenden Antworten aber meist erst durch Selbstversuche gefunden.

Meinen Erfahrungsschatz möchte ich gerne mit dir teilen. Einen Anspruch auf Vollständigkeit hat dieses Buch aber nicht. Auch ich lerne immer noch – mit jedem neuen Brautag, mit jedem fertigen Selbstgebrauten.

„Noch mehr Craft-Bier selber brauen" kannst du in einem Stück durchlesen, wenn du möchtest. In diesem Buch geht es nicht um Formeln und Tabellen, sondern um Anregungen und Ideen. Einige davon wirst du in deinem Braualltag berücksichtigen, andere hältst du vielleicht für überflüssig. Jeder muss seinen Weg zum eigenen Bier selbst finden. Denn Wege gibt es viele. Wichtig ist nur, dass dir das selbstgebraute Ergebnis am Ende schmeckt.

Die Expertenmeinungen

Manchmal gibt es zu einem Thema so viele unterschiedliche Meinungen, dass es ratsam ist, jemanden zu fragen, der nachweislich Ahnung von einer bestimmten Materie oder besonders viel Erfahrung zu einem bestimmten Thema hat. Zu diesem Zwecke habe ich ein paar Experten für dieses Buch gewinnen können, die dir ihren Blick auf das jeweilige Spezialthema präsentieren.

Zu diesen Experten zählen mit Christian Hans Müller und Dennis Pfahl zwei ehemalige Hobbybrauer, die mittlerweile ihre Biere kommerziell vertreiben. **Christian Hans Müller** aus Aschaffenburg ist einer der Pioniere der hiesigen Craftbierszene. Sein Brauprojekt „Hanscraft & Co." gehört zu den bekanntesten Kreativbrauereien in Deutschland. Hans verrät ab Seite 123, wie er vorgeht, wenn er ein neues Bier plant. Außerdem hat er ein Rezept für ein Black IPA (Seite 161) beigesteuert.

Dennis Pfahl ist mit seinem Projekt „Mücke", benannt nach dem letzten Grubenpferd der Essener Zeche Zollverein, dagegen noch nicht so lange am Markt. Ich kann aber voller Stolz behaupten, dass ich Dennis und seinen Braupartner Michael Kesseböhmer seit der ersten Stunde begleite. Die beiden Bierverrückten waren damals sogar Teilnehmer in einem meiner Braukurse. Dennis berichtet ab Seite 151 darüber, woran zu denken ist, wenn der erste Schritt vom Hobbybrauer zum kommerziellen Brauer getan werden soll. Außerdem steuert er das Rezept der Himbeergose bei, die es auch im Handel zu kaufen gibt.

Experte **Tobias Palmer** kommt ursprünglich aus dem Rheinland, war aber im Auftrag des Bieres auch schon in den Vereinigten Staaten, in Asien und in Afrika beruflich tätig. Nun braut und vertreibt er sein eigenes Bier unter der Marke „Ruhrpottbrew" und betreibt mit seiner Herzensdame Silke zusammen einen Craftbier-Bottle-Shop in Oberhausen. Der gelernte Brauer und Globetrotter kennt sich bestens mit dem Pilsener-Braustil aus. Deshalb hat er für dich, lieber Leser, ein paar Tipps zum Brauen dieses untergärigen Klassikers (Seite 74) sowie ein dazu passendes Pils-Rezept (Seite 174) zu diesem Band beigetragen.

Kein kommerzieller Brauer, dafür aber ein Hobbybrauer mit einem immensen Wissensschatz rund ums Thema Biergeschichte ist **Jürgen Knoke**. Zusammen mit den Kölner Bierhistorikern sorgt er dafür, dass die Grut, die mittelalterliche Alternative zum Hopfen, nicht in Vergessenheit gerät. Wenn du dich für Gewürze und Kräuter im Bier interessierst, dann dürfte sein Gelbbier-Rezept auf Seite 173 genau das richtige für dich sein.

Der Aachener Koch, Caterer und Chef von mofmof.de, **Jan Grün**, hat mit meinem Buch „Craft-Bier einfach selber brauen" seine Heimbraukarriere gestartet. Da ihm das einfache Treberbrot allerdings schnell zu langweilig wurde, kreierte er mit der Zeit einige neue Rezepte, in denen er das ausgelaugte Malz unterbringen konnte. Fünf seiner kreativen und wirklich leckeren Ideen zur Treberverwertung findest du ab Seite 143.

Markus Maurer ist mein Geschäftspartner und ein hingebungsvoller Biersommelier. Dank seiner Passion für gutes Essen und ebenso gutes Bier verfügt er über die beneidenswerte Gabe, Brauspezialitäten immer optimal auf Speisen abstimmen zu können – und umgekehrt. Wie du deine selbstgebrauten Biere in einem Drei-Gänge-Menü unterbringst, verrät Markus dir in diesem Buch auf Seite 142. Außerdem ist Markus ein großer Sauerbier-Fan und liebt Biere, die mit *Brettanomyces* vergoren wurden. Was es mit „Brett" genau auf sich hat, kannst du auf Seite 76 nachlesen.

Was ist denn nun Craftbier?

Die Frage, die mir ständig und überall gestellt wird, möchte ich direkt beantworten. Wie kann man Craftbier eigentlich definieren? So sehr die Szene in Deutschland auch zusammenhält: Wenn es um die Definitionsfrage von Craftbier geht, hat jeder Zweite eine andere Meinung.

In den USA definiert sich Craftbier unter anderem über die Konzernunabhängigkeit und den Jahresausstoß, also die Produktionsmenge eines Brauprojekts. Da in den Staaten aber weitaus mehr Bier gebraut wird als in Deutschland, können wir diese Messlatte für uns nicht anlegen. Das macht die Suche nach einer Definition nicht einfacher.

Hierzulande gibt es den Verein Deutsche Kreativbrauer e. V., bestehend aus ambitionierten Brauern, die weg möchten vom Reinheitsgebot und weg vom schwammigen Begriff „Craftbier". Die Gründungsmitglieder sind das Who-is-Who der deutschen Szene, unter ihnen auch Christian Hans Müller, einer meiner Experten in diesem Buch.

Sie suchen nicht mehr nach einer passenden Definition für deutsches „Craftbier", sondern sprechen stattdessen lieber von Kreativbier. Auf Extrakte und künstliche Hilfsstoffe verzichten sie im Gegensatz zur Industrie komplett, stattdessen legen sie Wert auf die Natürlichkeit der Rohstoffe und bauen teilweise auf Zutaten ausschließlich in Bioqualität.

Ihr Reinheitsgebot heißt Natürlichkeitsgebot. Neben Wasser, Malz, Hopfen und Hefe dürfen auch Kräuter, Gewürze, Früchte und Gemüse verbraut werden. Wenn am Ende ein kreatives, wohlschmeckendes und natürliches Bier daraus entsteht, ist alles bestens.

Auch wenn ich im kommerziellen Bereich mittlerweile ebenfalls am liebsten von Kreativbieren als Gegenspieler der Industriebiere spreche, nutze ich doch auch häufig noch das Wort „Craftbier" – immer dann, wenn ich über Selbstgebrautes spreche. Wenn schließlich etwas handgemacht und kreativ ist, dann doch mit Sicherheit das Selbstgebraute aus der eigenen Küche.

Ich wünsche dir viel Spaß beim Lesen und weiterhin allzeit gut Sud!

EQUIPMENT

Mit welchen Gerätschaften du dir dein Heimbrauerleben noch einfacher machen kannst, welches Equipment dir dabei hilft, noch bessere Craftbiere zu brauen und auf welche Anschaffungen du eventuell auch verzichten kannst, erfährst du in diesem Kapitel.

REINIGEN UND DESINFIZIEREN

Böse Zungen behaupten, dass man als Lehrling in einer Brauerei weniger angehender Brauer als vielmehr professionelle Reinigungskraft ist.

Für wahr: Ein Azubi muss in diesem Beruf reichlich schrubben und putzen – und zwar in allen Ecken. Denn dort können minimalste Verunreinigungen schon zu geschmacklichen Unreinheiten im fertigen Bier führen.

Die gute Nachricht vorweg: In Bier können sich **keine gesundheitsgefährdenden Keime** entwickeln. Sollte ein Bier „umkippen", also sauer werden, kann man es durchaus noch trinken. Allerdings kann der übermäßige Konsum solcher ungewollten Sauerbiere die Aktivitäten des Darms beeinflussen. Und wenn man ehrlich ist: Nicht jeder Bierstil gewinnt durch saure Noten.

Im Regelfall sollte dein Bier aber **nicht spontan sauer** werden, sondern nach der Reifephase so schmecken, wie du es geplant hast. Das erreichst du, wenn du möglichst wenig Keime an dein Equipment, an die Würze und dein Jungbier kommen lässt. Steril müssen die meisten deiner Utensilien dafür nicht sein, aber eben möglichst keimarm. Mit Hitze, den richtigen Reinigungsmitteln und hier und da auch mal hochprozentigem Alkohol zum Desinfizieren ist das alles gut hinzubekommen.

Mach dir aber nicht zu viel Arbeit. Der Topf zum Beispiel muss keineswegs vor dem Maischen mit Desinfektionsmitteln behandelt werden. Hier reichen eine gründliche Reinigung nach der letzten Benutzung und ein einfaches Ausspülen mit heißem Wasser vor dem nächsten Brautag völlig aus. Schließlich kochst du später darin deine Würze und beseitigst bei diesem Prozess alle Keime, die dir in die Quere kommen könnten.

Du musst auch nicht das Braupaddel oder das Thermometer jedes Mal desinfizieren, bevor du beim Maischen umrührst oder die Temperatur überprüfst. Das **Desinfektionsmittel**, zum Beispiel 70%iges Isopropanol, verwendest du am Brautag erst **nach dem Kochprozess**. Denn erst wenn die Würze heruntergekühlt und die Hefegabe noch auf sich warten lässt, ist sie besonders anfällig für unliebsame Keime. Dein Gärbottich nebst Deckel sollte nun sauber sein, mit kochendem Wasser ausgespült oder von innen einmal mit Isopropanol benetzt werden. Ein Zerstäuber ist dabei sehr nützlich. Wenn du während der Gärung Proben über den Hahn abzapfst, solltest du diesen im Anschluss auch immer mit Isopropanol desinfizieren.

Wichtig ist letztlich, dass du grundlegend sauber arbeitest, wenn der Brautag vorbei ist. Sämtliche Spuren vom letzten Brauen sollten kurz danach mit einem **neutralen Reiniger** beseitigt werden. Sehr beliebt sind Natriumcarbonat (Soda) oder Natriumpercarbonat (Aktiv-Sauerstoffreiniger, z. B. Chemipro OXI). Verwendest du letztgenannten Reiniger, kannst du sogar auf ein Nachspülen verzichten. Das behauptet zumindest der Hersteller. Geruchsneutrales Maschinengeschirrspülmittel eignet sich auch als Reinigungsmittel für deine Braugerätschaften.

Gib beim Reinigen besonders Acht auf die stark verwinkelten Hähne an deinen Töpfen oder Bottichen. Diese solltest du nach jeder Benutzung abschrauben und ordentlich mit heißem Wasser durchspülen oder notfalls auch einweichen. Anschließend solltest du immer überprüfen, ob alle Spuren der Würze oder des Jungbiers beseitigt wurden. Denn das sind wahre Keimmagneten.

Natronlauge oder chlorhaltige Reiniger kann ich dir als Reinigungsmittel nicht empfehlen. Natronlauge ist stark ätzend und Chlor kann, wenn nicht ordentlich nachgespült wird, hinterher im fertigen Bier ein unschönes und ziemlich ungesundes Aroma hinterlassen.

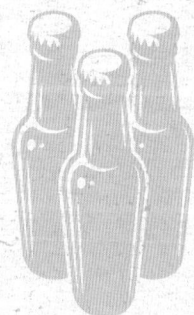

TIPP   ZITRONENSAFT BESEITIGT KALKRESTE

Wenn du in einer Stadt lebst, in der Wasser mit hohem Härtegrad aus dem Hahn kommt, kann es passieren, dass deine Gerätschaften nach dem Reinigen noch mit einer leichten Kalkschicht überzogen sind. Mit ein wenig Zitronensäure bekommst du auch diese problemlos weg. Übrigens sind die Reiniger auf Sauerstoffbasis auch sonst im Haushalt recht hilfreich. Ich reinige damit zum Beispiel gerne meine Backbleche.

DIE MALZMÜHLE

Wenn du bei den Rohstoffen auf Dauer Geld sparen möchtest, kannst du dein Malz in größeren Mengen ordern. Doch im 25-Kilogramm-Sack sind die Körner noch nicht geschrotet. Zeit für eine passende Mühle.

Das Kilo Pilsener Malz in geschroteter Form schlägt im Onlinehandel mittlerweile mit 1,80 Euro zu Buche. Wenn du die Sackware wählst, zahlst du nur 1,12 Euro, denn schon ab 28 Euro ist das Standardmalz bei den Braubedarfshops im 25-Kilo-Sack erhältlich. Wer eine Mälzerei in der Region hat, die auch an Hobbybrauer verkauft, kann

sogar noch mehr sparen: Hier ist der Sack meist für nur 15 bis 18 Euro zu bekommen.

Neben der preislichen Ersparnis ist auch die längere Haltbarkeit des ganzen Korns sehr vorteilhaft: 2 Jahre lang hält sich das ungeschrotete Malz im Sack. Die geschrotete Variante sollte binnen 6 Wochen verbraut werden, bevor die Enzymaktivität des Malzes unter der langen Lagerung leidet.

Es spricht also alles dafür, das Malz vor jedem Brauvorgang immer frisch zu schroten. Teure Küchenmaschinen, Standmixer oder Kaffeemühlen sind allerdings nur bedingt für diese Zwecke geeignet, da sie das Schrot oft zu fein mahlen oder nur zerhäckseln. Du solltest dir also auf jeden Fall eine echte Malzmühle anschaffen.

Scheiben oder Walzen?

Für den Einstieg eignet sich eine **Scheibenmalzmühle** aus Gusseisen, ab ca. 50 Euro erhältlich. Die Kurbel lässt sich einfach abbauen, sodass die Schrotmühle auch mit einer Bohrmaschine oder einem Akkuschrauber betrieben werden kann. So sparst du dir die schweißtreibende Arbeit und schaffst es, in einer Minute ungefähr ein Kilo Malz zu schroten. Einziger Nachteil: Die Qualität des Schrots ist nicht optimal. Oft findet man stark beschädigte Spelzen. Die sollten aber möglichst intakt bleiben, weil sie dir so später beim Läutern helfen.

Walzenmühlen, üblicherweise mit zwei Walzen ausgestattet, schaffen größere Mengen Malz in noch kürzerer Zeit: 2,5 bis 3 Kilo pro Minute, wenn auch hier die Bohrmaschine zur Hilfe genommen wird.

Die Schrotqualität ist weitaus besser und gleichmäßiger als bei Scheibenmühlen. Vor allem Walzenmühlen mit synchronisierten Walzen leisten diesbezüglich beste Arbeit. Einziger Knackpunkt: der Preis. Erst ab 90 Euro bekommst du eine Mühle mit Walzen. Langlebige Schrotmühlen kosten aber auch teilweise über 300 Euro.

Das Modell „Student" von MattMill ist ab 120 Euro zu bekommen und sehr empfehlenswert. Die Mühle ist qualitativ gut verarbeitet, ihr fehlt jedoch ein Trichter. Den kannst du dir allerdings aus einer leeren PET-Flasche, bei der du den Boden abtrennst, einfach selber basteln.

Wer gerne auf Komplettlösungen zurückgreift, der wird mit der „Klassik Komplett" von MattMill glücklich werden. Stolze 280 Euro musst du für diese Malzmühle hinlegen. Es lohnt sich aber: Die Walzen sind aus gehärtetem Stahl, und der Hersteller verspricht einen lebenslangen Einsatz, auch bei harten Malzen.

BIAB — BRAUEN MIT DEM MAISCHESACK

US-Präsident Jimmy Carter gab im Jahr 1978 den Startschuss zur kommerziellen Craftbierbewegung, als er Heimbrauern per Gesetz erlaubte, ihr Selbstgebrautes in Bars gegen Geld anzubieten.

Zu diesem Zeitpunkt war die Hobbybrauerszene in den USA schon beachtlich groß – vor allem aber erfinderisch. Denn fertig zu kaufende Brausysteme gab es damals noch nicht in der Fülle, wie man sie heute kennt.

Bereits in den 60er-Jahren hatten die ersten Bierliebhaber begonnen, ihre eigenen Sude zu brauen. Die Prohibition hatte Spuren hinterlassen. Die amerikanische Braulandschaft wurde zu dieser Zeit von drei Großen beherrscht – und deren Erzeugnisse waren alles andere als geschmacksintensiv. Not macht bekanntlich erfinderisch. So lasen sich die wahren Bierliebhaber durch alte Rezeptschmöker und bastelten sich aus allerlei Haushaltsutensilien und anderen Hilfsmitteln ihre ersten Heimbrauanlagen.

Bis heute sind die amerikanischen Heimbrauer sehr einfallsreich, wenn es um die Herstellung des Selbstgebrauten geht. Gemaischt wird zum Beispiel gerne in **Kühlboxen**. Die sind gut isoliert und halten so nicht nur Erfrischungsgetränke kalt, sondern auch die Maische schön warm. Dabei setzt man natürlich auf die Kombirast, übrigens auch eine Idee der Hobbybrauer aus den Staaten. Gerührt wird bei dieser Form der Verzuckerung fast gar nicht mehr. Manche Heimbrauer machen es sich sogar so einfach, dass sie die Kühlbox über Nacht stehen lassen. Die Enzyme sind nach 8 Stunden längst durch mit ihrem Programm, und der Brauer kann nach dem Frühstück mit der Würze weiterarbeiten, ohne zuvor großen Aufwand betrieben zu haben.

Noch einfacher wird es mit einem **Maischesack**. Während in Deutschland gerne auf Läuterhilfen wie Läuterblech oder Läuterspirale zurückgegriffen wird, schwört eine Vielzahl an US-Hobbybrauern auf die „**Brew-in-a-Bag**"-Methode, kurz **BIAB**. Dabei wird das geschrotete Malz zunächst in ein feinmaschiges Netz gefüllt, das dann ins heiße Wasser gegeben wird. Der große Vorteil liegt auf der Hand: Man kann sich den langwierigen Läuterprozess sparen, weil man den sogenannten Maischesack mit dem ausgelaugten Malz nach gut einer Stunde einfach nur aus dem Topf herausheben muss. Danach wird der Sack ausgedrückt. Die anschließende Reinigung ist recht simpel. Der Treber wird entsorgt, das Netz auf links gedreht und mehrfach mit heißem Wasser ausgespült. Fertig.

BIAB klingt zunächst wie eine einfache, saubere und vor allem zeitsparende Maischelösung. Außerdem benötigst du im Grunde nur einen beheizbaren Topf zum Brauen und kein weiteres Gefäß zum Läutern.

Brauen ohne Nachgüsse

Solltest du dich wirklich für das Brauen mit dem Maischesack und ohne Nachgüsse entscheiden, musst du vorab ein paar Dinge bedenken: Wenn du ohne Nachgusswasser arbeiten und somit Zeit sparen möchtest, benötigst du einen größeren Topf, in den die komplette Wassermenge passt.

Das Malz sollte außerdem feiner geschrotet sein als sonst. Dadurch erhöht sich deine

Ausbeute, also die Menge an Zucker, die du beim Maischen gewinnst. Für gewöhnlich verbleibt auch beim BIAB-Verfahren noch eine ganze Menge an wertvollem Zucker im Treber, der normalerweise mit dem heißen Nachgusswasser herausgespült würde. Wenn du darauf nicht verzichten willst, kannst du natürlich auch bei dieser Methode mit Nachgüssen arbeiten, um keinen Zucker zu verschwenden. Mit etwas Geschick und Bastelei sollte das kein großes Problem sein. Dann freut sich die Hefe später umso mehr über deinen Einsatz, weil sie mehr zu vergären hat.

Wenn du den Sack am oberen Rand des Topfes mit Klammern befestigst, kannst du auch zwischendurch rühren und so sicherstellen, dass überall möglichst dieselbe Maischetemperatur herrscht. Um ein Anbrennen beim zwischenzeitlichen Aufheizen zu vermeiden, kannst du einen Tortenring aus Edelstahl in den Einkocher legen und den Sack darauf absetzen. Ansonsten sollte der Sack nicht zu schwer sein, um ihn kurzzeitig anzuheben, wenn der Kocher nachheizt.

Neben dem Maischesack gibt es mittlerweile auch Brausysteme wie den Klarstein-Maischekessel „Maischfest", die auf einen Maischekorb aus Edelstahl setzen. Der Korb hat nur unten am Boden Löcher und wird während des Maischens in den Maischekessel eingesetzt. Man kann ihn auch kombiniert mit einem Maischesack verwenden, was zu einer klareren Würze führt.

Nach dem Maischen wird der Korb herausgehoben. Ein mitgelieferter Ring, der auf den Rand des Einkochers gelegt wird, hält den Maischekorb beim Abtropfen in Position. Anschließend kann das Nachgusswasser aufgetragen werden und wenig später beginnt, wie üblich, der Kochprozess. Der große Vorteil: Man spart einen Läuterbottich, die Läuterhilfe und auch eine ganze Menge Platz. Optimal also für Heimbrauer, die nur eine enge Küche als Brauort ihr Eigen nennen.

TIPP — GÜNSTIGE VARIANTEN

Für deine ersten BIAB-Versuche kannst du übrigens auch einen Wäschesack verwenden. Der ist meistens günstiger zu haben als die fürs BIAB vorgesehenen Maischesäcke im Onlinefachhandel. Ganz verrückt wird es mit einer Gardine – das funktioniert tatsächlich auch, wie mir ein Brauschüler einmal stolz versicherte.

DIE TOPFISOLIERUNG

Du gehörst auch zu den Hobbybrauern, die in der Küche zu wenig Platz haben und daher regelmäßig auf den Balkon, die Terrasse, in die Garage oder in den Keller ausweichen müssen?

Dann wirst du dieses Problem nur zu gut kennen: Wenn der Winter naht, muss der **Einkocher** gegen die einbrechende Kälte ankämpfen und schafft es daher nicht immer, die **gewünschte Temperatur** zu halten. Ein wallendes Kochen der Würze ist nur schwer möglich. Doch es gibt für dein Problem eine Reihe von Lösungen.

Alte Badehandtücher oder Decken können schnell Abhilfe schaffen, sind aber auf Dauer nicht optimal. Greife lieber zu einer ausgedienten Iso- oder Yogamatte. Diese kannst du gut zuschneiden und sie bietet eine schnelle und kostengünstige Lösung für dein Problem. Am besten befestigst du die Matte mit einem Zuggurt rund um den Einkocher.

Nichtsdestoweniger würde ich immer dazu raten, eine Isolierung zu wählen, die nicht dauerhaft am Topf klebt. Wenn dir nur einmal die Würze überkocht, endet das in einer großen klebrigen Sauerei. Die Reinigung wird anschließend zu einer kleinen Tortur und dein Einkocher von außen vermutlich nie mehr richtig sauber.

TIPP — DIE PROFI-ISOLIERUNG

Der Profi setzt auf Armaflex, einen Dämmstoff, der hochtemperaturbeständig (bis 150 °C) ist und eigentlich zum Schutz von Rohrleitungen verwendet wird. In der selbstklebenden Variante stellt Armaflex eine, wenn auch etwas teurere, dafür aber sehr effiziente Lösung dar.

Wenn alle Stricke reißen, dann bleibt dir nur noch der Tauchsieder als zusätzliche Heizquelle. Aber hier ist äußerste Vorsicht geboten. Eigentlich ist der Tauchsieder nicht dafür geschaffen, zuckerhaltige Lösungen zu erhitzen. Darüber hinaus solltest du immer beim Topf stehen bleiben, wenn du den Tauchsieder hineingehangen hast. Die Gefahr des Überkochens ist auch schon bei Geräten mit 1500 Watt enorm groß. Darum halte ich diese Variante wirklich nur für eine Notlösung.

Darüber hinaus ist es auch kein Drama, wenn die Würze nicht dauerhaft wallend kocht. Die Bitterstoffausbeute ist auch schon bei einer Temperatur von 98 oder 99 °C völlig ausreichend. Letztlich wird das wallende Kochen in erster Linie empfohlen, damit das **Dimethylsulfid (DMS)**, das durch das Malz in deine Würze gelangt ist und im fertigen Bier wie das Aroma von Gemüsebrühe oder Dosenmais wahrgenommen wird, verdampfen kann. Meistens reicht es aus, wenn du den Deckel halb auflegst. Bei einer Kochzeit von 70 Minuten sollte sich das DMS bei Kochende verflüchtigt haben.

DIE ANLAGE VERGRÖSSERN

Wer viel braut, hat viele Freunde. Zumindest durfte ich damals, nach meinen ersten Brauversuchen, mit großer Freude feststellen, dass selbstgebrautes Bier alte, bis dato oft zu beschäftigte Freunde anlockt.

Man sah die Kumpels von damals plötzlich wieder häufiger. Sie kamen gerne vorbei und halfen aufopferungsvoll dabei, die Biervorräte leerzutrinken. Doch es ist ein Teufelskreis: Wenn der Kühlschrank leer ist, muss neues Selbstgebrautes her, damit niemand verdurstet.

Und wer nicht gerade in einem Singlehaushalt lebt, sondern einen Lebenspartner oder sogar eine größere Familie um sich hat, wird wissen, dass die Brautage mit der Zeit immer rarer werden. Der Trick mit der Ankündigung, man sei nur „mal eben kurz ein Bier brauen", um dann für den kompletten Nachmittag in den Braukeller zu verschwinden, geht dann höchstens einmal gut.

Deshalb entscheiden sich viele Heimbrauer für den Ausstieg aus der Einkocherklasse und für eine größere Brauanlage. Ein Brauschüler von mir hatte das Glück, einen alten Wurstkessel mit einem Fassungsvermögen von 120 Litern umfunktionieren zu können. Meist greift der Hobbybrauer aber eher zu einem größeren im Handel erhältlichen Topf und einer Induktionskochplatte.

Spielst du auch schon mit dem Gedanken, deine Anlage zu vergrößern? Dann solltest du allerdings vorher abwägen. **Mehr Brauvolumen** zu haben, klingt erst einmal großartig. Du benötigst für eine größere Menge Bier am Brautag schließlich dieselbe Zeit wie für eine kleinere. Allerdings solltest du nicht vergessen, dass das Abfüllen bei doppelter oder gar dreifacher Mengen natürlich entsprechend länger dauert. Außerdem braucht eine größere Brauanlage auch oft mehr Platz als der simple Einkocher. Und ab einer gewissen Menge an Würze wird es auch schwer, den Topf noch ohne Hilfsmittel zu bewegen, wenn er denn bewegt werden soll. Ohne Planung vorher geht es also nicht.

Wie viel Bier soll's werden?

Die wichtigste Frage vor der Anschaffung lautet: Wie viel Liter Bier möchtest du zukünftig pro Brauvorgang produzieren können? Für gut 50 bis 55 Liter fertiges Bier sollte schon ein knapp 70 Liter fassender Topf, zum Beispiel aus Edelstahl, angeschafft werden. Den gibt es mit passendem Hahn und Deckel ab ca. 170 Euro in den bekannten Online-Braubedarfshops.

Bei dem Kauf der **Induktionskochplatte** solltest du **auf die Leistung achten**. Mit 3500 Watt kannst du auch einen 70-Liter-Topf ausreichend beheizen – selbst dann,

wenn der Topf geringfügig über den Rand der Platte reicht. Auch hier musst du mit einem Anschaffungspreis von 170 Euro rechnen. Der Hockerkocher inklusive PVC-Schlauch und Manometer ist schon ab 60 Euro zu haben, allerdings schlägt regelmäßig noch das Nachfüllen der Propangasflasche zu Buche.

Natürlich gibt es auch automatische Brauanlagen, die in der 50-Liter-Klasse produzieren. Da ist allerdings unter 550 Euro nichts zu bekommen. Wenn du dir zumindest das Rühren ersparen möchtest, halte am besten nach einem automatischen Rührwerk Ausschau.

Ebenfalls solltest du beim Vergrößern deiner Anlage bedenken, dass dein **Läuterbottich** zukünftig mindestens genauso groß wie dein Maisch- und Sudkessel sein sollte. Den passenden Topf einfach ein zweites Mal zu kaufen und ihn mit einer entsprechend großen Läuterhilfe auszurüsten, ist hier wohl die beste und einfachste Variante. Etwas günstiger bekommst du auch einen 70 Liter fassenden **Thermoport** mit Hahn, der in der Gastronomie normalerweise zum Warmhalten von Suppen und Soßen genutzt wird. Dass er die Temperatur so gut hält, ist auch beim Läutern nicht gerade von Nachteil. Kostenpunkt: ab 130 Euro.

Und natürlich benötigst du auch mehrere oder zumindest einen größeren **Gärbottich**. Die 60-Liter-Variante aus lebensmittelechtem Kunststoff ist ab 40 Euro zu haben. Edelstahl-Gärgefäße reißen mit einem Anschaffungspreis von ungefähr 200 Euro zwar ein zusätzliches Loch ins Portemonnaie, haben aber neben ihrer schöneren Optik auch einen entscheidenden Vorteil: Sie halten für die Ewigkeit und lassen sich einfach reinigen. Gärfässer aus lebensmittelechtem Kunststoff verfärben sich mit der Zeit und nehmen auch geringfügig die Aromen der darin vergorenen Biere auf. Du siehst, es gibt einiges vorab zu bedenken, bevor du zu mehr Bier kommst.

Wenn ich privat für mich braue, dann steht vor allem das Ausprobieren im Fokus. Ich möchte in kleineren Suden immer wieder neue Malz-, Hopfen- und Hefesorten testen. Daher habe ich mich ganz bewusst gegen eine größere und für eine zweite Anlage in der 20-Liter-Klasse entschieden. Ich braue lieber parallel und lasse meiner Kreativität freien Lauf. Und wenn wirklich mal ein Sud in die Hose gehen sollte, ist das Wegschütten von 20 Litern eher zu verschmerzen also von 60.

TIPP   AUGEN AUF BEIM TOPFKAUF

Bedenke, dass Edelstahl kein Stahl ist und damit nicht per se magnetisch. Nur mit einem ferromagnetischen Sandwichboden kannst du ihn auch auf einem portablen Induktionsherd nutzen. Wenn du stattdessen mit einem Hockerkocher arbeiten möchtest, kannst du diesen Aspekt beim Topfkauf vernachlässigen.

DAS RÜHRWERK

Die Ambitionierten unter den Heimbrauer streben nach Professionalität und erfreuen sich in hohem Maße an Automatisierungsmöglichkeiten. Eine davon ist das Rührwerk.

Es gibt im Grunde zwei Arten von Heimbrauern: Auf der einen Seite stehen diejenigen, die schlichtweg nur mit einfachen Mitteln ein schmackhaftes Bier brauen und am Brautag selbst bei dem einen oder anderen Bierchen möglichst entspannen wollen. Auf der anderen Seite finden sich diejenigen wieder, die am liebsten aus dem Hobby einen Beruf machen würden. Diese Gruppe braut mit unglaublicher Hingabe und hat mit der Zeit vermutlich mehr Wissen über die Gerstensaftherstellung erlangt als so mancher gelernter Brauer.

Wenn du zur zweiten Gruppe gehörst und nicht nur auf die Kombirast setzen, sondern auch Biere mit **mehreren Raststufen** brauen möchtest (siehe auch Seite 92), dann solltest du über die Anschaffung eines Rührwerks durchaus nachdenken. Denn dadurch, dass du mehrfach aufheizen musst, um die nächste Rasttemperatur zu erreichen, bist du auch gezwungen, häufiger zu rühren. Deine Maische sollte beim Aufheizen möglichst nicht anbrennen, da diese Art von Röstaromen dein Bier später ungenießbar machen könnten. Da ist es schon sehr angenehm, wenn einem

---

TIPP   DIE VARIANTE FÜR BASTLER UND SPARFÜCHSE

Mein Biersommelierkollege Gunnar Martens hat auf seiner Webseite meinsudhaus.de eine einfache Bauanleitung für ein Universalrührwerk veröffentlicht, das nicht wie sonst meist üblich mit einem Scheibenwischermotor oder einer Standbohrmaschine betrieben wird. Gunnars Variante funktioniert mit einem Zementmischer aus dem Baumarkt.

die Rührarbeit vom automatischen Rührwerk abgenommen wird.

Hinzu kommt, dass die dauerhafte Bewegung im Topf auch für eine bessere Temperaturverteilung sorgt und die Verzuckerung so gleichmäßiger und kontrollierter vonstattengehen kann.

Rührwerke kannst du mittlerweile in unterschiedlichen Größen käuflich erwerben. Der Hobbybrauer Ole Adam bietet in seinem Shop adams-hardware.de zum Beispiel Rührwerke mit Netzteil und Motor für die **Einkocherklasse** aus Edelstahl ab ca. 130 Euro an. Wenn du 70 Euro sparen möchtest und handwerkliches Geschick mitbringst, findest du im Shop von Ole auch einen Bausatz für das Rührwerk, ohne Netzteil und Motor.

Wenn du deine Anlage bereits vergrößert hast, wirst du mit den Einkocher-Rührwerken vermutlich nicht auskommen. Doch auch für größere Klassen wirst du im Netz fündig: Auf brauhardware.de kannst du Rührwerke für unterschiedliche Topfdurchmesser bestellen. Brewpaganda.com bietet sogar ein spezielles Rührwerk für alle gängigen Größen an. Auch hierfür findest du in den Shops Bausätze zu einem günstigeren Kurs.

GÄNGIGE LÄUTERHILFEN

Es gibt unterschiedliche Möglichkeiten, die zuckerhaltige Würze vom Treber, dem ausgelaugten Malz, zu trennen. Ganz ohne Hilfsmittel wirst du beim Läutern aber nie auskommen.

Falls du dir eine neue Anlage zusammenstellst oder mit deiner bisherigen Läuterlösung nicht zufrieden bist, habe ich hier ein paar Alternativen für dich aufgelistet:

Die in „Craft-Bier einfach selber brauen" von mir empfohlene Läuterhilfe, die **Läuterspirale**, basiert auf einem Drainagesystem mit Zugfeder, eine Erfindung von Hobbybrauer Matthias Hossfeld alias MattMill. Er vertreibt seine Spirale seit einigen Jahren unter dem Namen „Läuterhexe". Mittlerweile gibt es auch ähnliche Produkte von anderen Herstellern am Markt, zum Beispiel den „Läuterfreund" von Brauhardware.

Die Spirale lässt sich in jeden Topf oder Gärbottich, unabhängig vom Durchmesser des Behältnisses und der Hahngröße, mithilfe von Reduziermuffe, Doppelnippel und T-Stück einfach ein- und ausbauen. Normalerweise wird sie leicht geschwungen – in der Form einer Schleife – auf dem Boden des Bottichs platziert, sie kann aber auch gekürzt und dann wie ein Ring verlegt werden. Je größer der Verlegeradius der Spirale ist, desto feiner sind auch die Schlitze, ergo, desto klarer läuft deine Würze ab.

Die flexible aus Edelstahl bestehende Zugfeder kannst du auch ohne großen Aufwand reinigen. Oft reicht ein einfaches Abspülen mit heißem Wasser aus. Ein weiterer Vorteil des Zugfedersystems ist, dass selbst schwere Malzschüttungen über 7 Kilogramm für diese stabile Läuterspirale kein Problem darstellen. Neuerdings gibt es neben dem Zugfeder- auch ein Druckfedersystem zum Läutern. „Leuterator" nennt der Hersteller Adam's Hardware seine sehr kostengünstige Alternative, die im Gegensatz zur Spirale nicht gebogen wird.

Der Klassiker unter den Läuterhilfen ist das **Läuterblech**, auch Senkboden genannt. Dabei handelt es sich um ein Edelstahlblech mit Schlitzen oder Löchern, durch die die Würze nach der Filterung durch den Treber ablaufen kann. Eigens für den gängigen Brau- und Gäreimer gefertigt, gibt es von MattMill das Läuterblech in gebogener Form, sodass auch der innenliegende Teil des Hahns kein Hindernis für das Blech darstellt. Für Läuterbottiche mit anderen Durchmessern gibt es das Blech auch noch als ungebogenen Läuterboden mit Füßen, den üblichen Läuterhilfen der kommerziellen Brauereien nachempfunden.

Auch das Läuterblech ist für schwere Schüttungen geeignet und ist leicht zu reinigen, muss im Gegensatz zur flexiblen Läuterspirale aber genau zum Durchmesser des Läuterbottichs passen. Mir persönlich ist es zu sperrig, die Läuterspirale lässt sich einfacher verstauen.

Unabhängig von der Auswahl deiner Läuterhilfe solltest du immer darauf achten, dass die Spelzen, also die Hülle der Getreidekörner, nach dem Schroten zwar aufgebrochen, aber noch einigermaßen intakt sind. Denn diese verkeilen sich beim Läuterprozess ineinander und bilden so eine natürliche Filterschicht, die ebenfalls dazu beiträgt, eine möglichst klare Würze zu gewinnen. Einzig bei Weizen ist das nicht von Belang, da sich die Spelzen direkt beim Dreschen gelöst haben und so das entsprechende Malz ohne Spelzen hergestellt wird.

TIPP — LÄUTERBLECH MARKE EIGENBAU

Wenn du an Samstagen häufiger mal durch den Baumarkt schlenderst und selbst gerne bastelst, kannst du dir zum Beispiel aus einem Panzerschlauch oder einem feinmaschigen Filterkorb eine eigene flexible Läuterlösung herstellen. Und wenn du ein Heimbaukönig bist, ist die Eigenproduktion eines Läuterblechs auch kein Hexenwerk. Bauanleitungen dazu findest du im Netz.

REFRAKTOMETER ODER BIERWÜRZESPINDEL?

Ein Messgerät zur Überprüfung der Stammwürze, also des Zuckergehalts der Würze, benötigt jeder Heimbrauer. Denn ohne diese Information ist es schlussendlich nicht möglich, den Alkoholgehalt des fertigen Bieres zu errechnen.

Die günstige Lösung, die ich allen Brauschülern zuerst nahelege, ist die Anschaffung einer **Bierwürzespindel**, ab einem Preis von 7 Euro und mit Messzylinder zusammen für ungefähr 10 Euro erhältlich. Mit der Spindel misst du spätestens unmittelbar vor der Hefegabe die Dichte deiner Würze. Fast alle Spindeln haben eine Grad-Plato-Skala, sodass du nichts umrechnen, sondern einfach nur den Wert ablesen musst, um den **prozentualen Zuckergehalt** deiner Würze zu erfahren.

Leider ist die Spindel aber auf **20 °C** geeicht. Wenn du also während des Brauvorgangs zwischendurch den Zuckergehalt überprüfen möchtest, ist die Spindel nur bedingt hilfreich, da die Würze im Herstellungsprozess selten kühler als 50 °C ist.

Um schnell herauszufinden, wie hoch die Stammwürze bei solchen Temperaturen wirklich ist, gibt es im Netz Umrechnungstabellen. Nichtsdestoweniger ist diese Vorgehensweise recht umständlich. Viele Heimbrauer nutzen daher lieber ein **Refraktometer** (ab 15 Euro erhältlich), das zur Messung des (Licht-)Brechungsindex, kurz BRIX, verwendet wird. Mit dessen Hilfe kann man die Konzentration gelöster Stoffe bestimmen, in diesem Fall den Zuckergehalt in der Würze. Der große Vorteil dieses Messgeräts ist die geringe Menge an Würze, die zur Ermittlung der Stammwürze benötigt wird: Es reichen ein bis zwei Tropfen aus. Diese sind sehr schnell auf 20 °C heruntergekühlt. Bei Refraktometern mit ATC (Automatic Temperature Compensation) spielt die Temperatur der Würzeprobe keine Rolle.

Für einen groben Überblick, zum Beispiel nach dem Läutern, ist das Refraktometer ideal. Hier kannst du den Umrechnungsfaktor auch vernachlässigen. Wenn du allerdings exakte Werte für die Stammwürze und den späteren Restextrakt haben möchtest, solltest du weiterhin eine Spindelprobe bei 20 °C durchführen.

Der eine oder andere Brauschüler hat sich übrigens schon bei mir beschwert: Beim Spindeln des Restextrakts würden jedes Mal gut 100 Milliliter Jungbier über den Jordan gehen. Die wären doch später nach der Reifung im Glas viel besser aufgehoben. Das mag sein, antworte ich dann meistens. Allerdings ist das Jungbier ja auch ein bereits trinkbares Brauerzeugnis. Wer immer sauber arbeitet, kann den Schluck aus dem Zylinder nach der Messung auch einfach verkosten. Ich bin immer noch der Meinung, man sollte sein Selbstgebrautes in nahezu allen Stadien des Herstellungsprozesses geschmacklich kennenlernen.

INFO   BRIX UND PLATO

Eigentlich sind die Einheiten %BRIX und °Plato identisch. Weil deine Würze allerdings keine reine Zuckerlösung ist, sondern auch noch viele andere Bestandteile, zum Beispiel die unterschiedlichen Trubstoffe, darin enthalten sind, müssen die durch das Refraktometer abgelesenen %BRIX noch einmal durch den Umrechnungsfaktor 1,03 dividiert werden. Erst dann kennst du den genauen Zuckergehalt in °Plato beziehungsweise in Prozenten.

Du kannst deine Spindel aber auch einfach im Gärbottich in der Würze schwimmen lassen und zum Gärende regelmäßig überprüfen, ob sich der Restextraktgehalt noch verändert hat. Denke aber bitte daran, dass du die Spindel vor ihrem Tauchgang im Jungbier sehr sorgfältig desinfizierst.

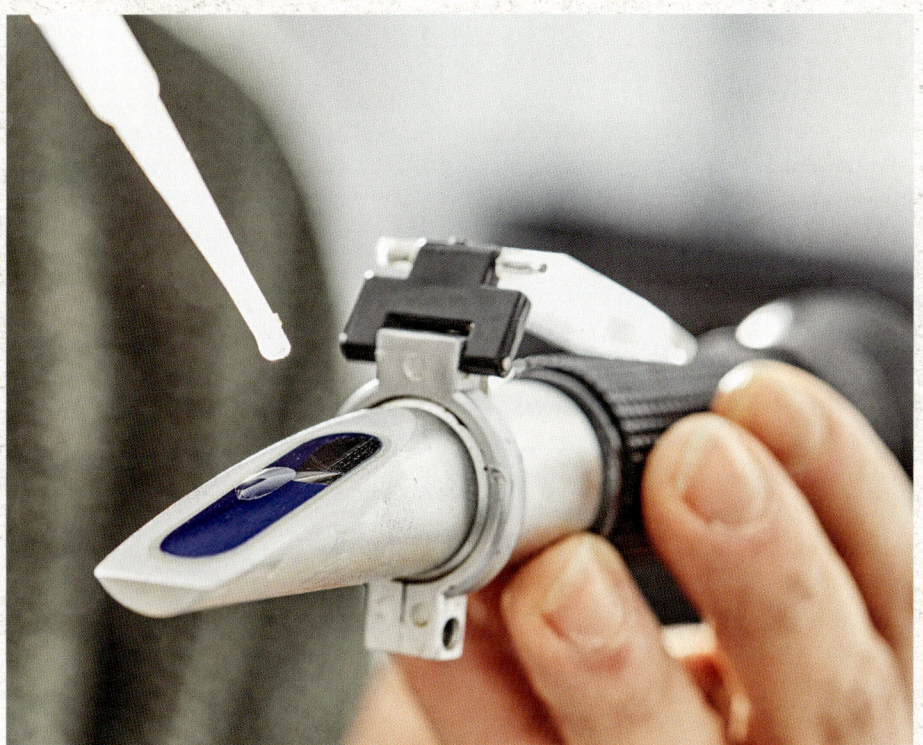

INFO   DER ALKOHOLFEHLER

Sobald die Gärung durch ist, verfälscht der entstandene Alkohol den Messwert des Refraktometers. Man spricht hier auch vom Alkoholfehler. Hier geht's ohne komplizierte Extra-Rechenformel nicht weiter. Zum Glück haben fleißige Hobbybrauer Umrechnungstools ins Netz gestellt, mit denen du doch noch auf den korrekten Restextraktwert kommst. Nichtsdestoweniger empfehle ich dir, das Refraktometer nur für die zwischenzeitliche Stammwürzeüberprüfung zu nutzen.

DER WÜRZEKÜHLER

Wenn die Würze nach dem Kochvorgang langsam über Nacht abkühlt, verändern sich ihr Geschmack und ihre Farbe geringfügig. Das hat etwas damit zu tun, dass sie längere Zeit Sauerstoff ausgesetzt ist. Ein Würzekühler schafft Abhilfe.

Während der Abkühlphase ist die Bierwürze sehr anfällig für Mikroorganismen wie Milchsäurebakterien, weswegen du den Deckel deines Gärbottichs in der **Abkühlphase** auch nicht mehr öffnen solltest. Ein aktives und damit schnelleres Kühlen ist durchaus zu empfehlen, insbesondere, wenn du darüber nachdenkst, zukünftig auch einmal untergärig zu brauen. Denn bei schlanken Bieren schmeckt man kleinere Fehler eher heraus als bei obergärigen Brauerzeugnissen, die durch die Hefe sowieso ein bunteres Geschmacksprofil mitbringen.

Es gibt mehrere Arten, die Bierwürze in kürzester Zeit auf Anstelltemperatur zu bringen: Zum einen kannst du auf eine **Kühlschlange** aus Edelstahl (selten Kupfer) setzen, meist bereits mit Schlauchverbindungen ausgestattet und schon ab 40 Euro erhältlich. Zum anderen funktioniert auch ein Plattenwürzekühler (ab 85 Euro, ohne Schläuche) ganz hervorragend.

Die Kühlschlange wird auch als **Eintauchwürzekühler** bezeichnet und in die heiße Würze gehängt, mit einem Wasseranschluss über einen Schlauch verbunden und anschließend mit kaltem Wasser durchspült. Zügig kühlt die Würze auf diesem Weg herunter. Das aufgeheizte Wasser nutze ich meistens noch zum Reinigen der Braugerätschaften.

Der **Plattenwürzekühler** ist hingegen ein Plattenwärmetauscher, wie er in größeren Versionen auch in kommerziellen Brauereien eingesetzt wird. Hierbei lässt man die Würze und möglichst eiskaltes Wasser durch getrennte Kanäle in den Platten nebeneinander herlaufen. Die Temperatur der Würze sinkt so recht schnell. Je mehr Platten der Kühler hat, umso schneller ist die Anstelltemperatur erreicht. Da der Kühler aber direkt mit der Würze in Kontakt kommt, sollte dieser nach jeder Verwendung immer sorgfältig gereinigt und desinfiziert werden.

TIPPS UND TRICKS BEIM FLASCHENWASCHEN

Ist dir das auch schon passiert? Du hast vergessen, deine leer getrunkenen Flaschen zeitnah auszuspülen, und darfst dich über hartnäckige Ablagerungen und Schimmel am Flaschengrund ärgern.

Eine solche Unaufmerksamkeit kann einem die Lust aufs Selbstgebraute schnell madig machen und den Abfülltag unnötig in die Länge ziehen. Aber ich hätte da einen Lösungsansatz für dich.

Mir passiert es gelegentlich, dass Freunde mich fragen, ob sie von dem Selbstgebrauten etwas mitnehmen können, um selbsternannten Bierexperten aus dem beruflichen oder familiären Umfeld mal zu zeigen, wie spannend Bier schmecken kann. Meistens sind es dann große, hübsch anzusehende Flaschen mit Bügelverschluss und einem Fassungsvermögen von 750 Millilitern oder gar einem Liter, die ich rausgebe. Das Auge trinkt ja schließlich mit.

Die Worte, mit denen ich die Flaschen überreiche, sind immer dieselben: „Es wäre super, wenn du mir die Flaschen hinterher wieder zurückbringen würdest." Und ganz wichtig: „Bitte spüle die Flaschen doch direkt nach dem Genuss einmal mit heißem Wasser aus. Wenn der Hefesatz für ein paar Tage in der Flasche bleibt, kann das schnell schimmeln."

Freunde nicken dann immer wohlwollend und denken sich vermutlich: „Quatschkopp. Der soll sich nicht so anstellen." Sicher wäre das anders, wenn ich sie mal zu einer Flaschenwaschorgie einladen würde.

Wenn kleinere Flaschen stark verdreckt sind, tut es mir nicht weh, diese sofort wieder in den Pfandkreislauf zu geben. Diese Flaschen sind ja meist sowieso nur Leihgaben kommerzieller Brauereien. Bei großen Flaschen hingegen packt mich der Ehrgeiz, zumal ich diese auch in der Regel käuflich erworben habe.

Was braucht's für die Putzorgie?

Zur Grundausrüstung gehört bei mir eine **Flaschenbürste**. Die bekommst du in den gängigen Onlineshops bereits für unter 3 Euro. Außerdem greife ich bei hartnäckigen Verschmutzungen gerne auf Spülmaschinentabs ohne Duftstoffe zurück. Einen großen Bottich, zum Beispiel einen Gär- und Braueimer, befülle ich mit heißem Wasser und löse darin einen Tab auf, ehe ich die stark verschmutzten Flaschen für gut zwei Stunden und notfalls auch länger darin bade. Meist ist danach ein Großteil des schimmeligen Bodensatzes schon gelöst. Anschließend wird mit der Bürste nachgeschrubbt und mehrfach mit heißem Wasser ausgespült, bis der Boden der Flaschen komplett sauber ist. Zu guter Letzt landen die Flaschen kopfüber im Geschirrspüler. Ein möglichst heißes Programm, nur Wasser, ohne Reinigungsmittel, sollte dafür sorgen, dass die Flaschen wie neu wirken. Dann bin ich zufrieden.

Auf dem Markt gibt es mittlerweile zum Reinigen von Flaschen eine ganze Menge an Hilfsmitteln. Der **„Blast"** arbeitet zum Beispiel mit Wasserdruck. Den Blast-Aufsatz kann man direkt an den Wasserhahn anschließen und die Flaschenböden in wenigen Sekunden vom gröbsten Dreck befreien. Mittlerweile gibt es den Blast auch als „Double Blast" und in einer Variante für zwölf Flaschen, die man so problemlos gleichzeitig spülen kann.

Als Flaschenspüler zum Mitnehmen und für die Schnellreinigung eignet sich der **„Avvinatore"**, der ein eigenes Reservoir für Wasser mitbringt und bei dem durch simples Eindrücken einer gefederten Pumpe ein Spülmechanismus aktiviert wird. Besonders hart ist der Wasserstrahl jedoch nicht, sodass sich nicht alle Ablagerungen damit lösen. Für die Grundreinigung allerdings reicht es aus.

Einige Hobbybrauer basteln sich gerne selbst Spülgeräte. Besonders innovativ finde ich einen Einsatz für den Geschirrspüler, der wie ein Korb in die Maschine hineingeschoben werden kann und für 25 verdreckte Flaschen Platz bietet. Dieser Flaschenkorb ist aus aneinandergelöteten Kupferrohren hergestellt. Jede Flasche wird auf ein Rohr gesteckt und während des Spülvorgangs mit reichlich Druck durchgespült.

TIPP — BRAUCHST DU DIESE HILFSMITTEL ÜBERHAUPT?

Ich vertrete weiterhin die Ansicht, dass Flaschen, die unmittelbar nach dem Trinkgenuss durchgespült werden, anschließend nicht mehr großartig gereinigt werden müssen. Die Methode, kurz vor dem Wiederbefüllen mit Wasserdampf potenziellen Keimen den Rest zu geben, kann ich weiterhin nur wärmstens empfehlen. Dafür eigenen sich handliche Dampfreiniger oder man nutzt das kürzeste Programm der eigenen Spülmaschine dazu.

DAS MÄRCHEN VOM FLASCHEN-BACKEN UND ENTLÜFTEN

Es gibt in Hobbybraukreisen zwei Praktiken, die ähnlich wie Mythen weit verbreitet sind und immer noch von erfahreneren Heimbrauern an Brauanfänger weitergegeben werden, obwohl sie komplett unsinnig sind.

Die Rede ist vom Flaschenbacken und dem Entlüften bei Bügelflaschen in der Nachgärung.

Die Heimbrauszene hat Jean Pütz und seiner Redaktion viel zu verdanken. Ohne die „Hobbythek"-Folge übers Heimbrauen aus dem Jahr 1982 würden wir heute sicher keine so florierenden Hobbybrauer- und Craftbierszene in Deutschland haben. Es war aber auch nicht alles lobenswert, was Jean Pütz in dieser Episode übers Bierbrauen erzählte.

Das sogenannte **Flaschenbacken** zum Zweck der Sterilisation des Leerguts ist aus heutiger Sicht zum Beispiel absoluter Quatsch. Neben dem viel zu großen Aufwand, der hierfür betrieben werden muss, können die Flaschen bei zu hohen Temperaturen im Ofen auch porös werden und im schlimmsten Fall während der Nachgärung platzen.

Neben dem Ausbacken von Flaschen stammt auch die Idee des **Entlüftens bei Bügelflaschen** in der Nachgärung von Jean Pütz, ist aber heutzutage ebenfalls nicht mehr zeitgemäß. Insbesondere dann nicht, wenn man das Jungbier in Ruhe ausgären lässt und die korrekte Menge Zucker für die Nachgärung in die Flaschen gibt. Die Sorge vor Flaschenbomben, die durch mehrmaliges Entlüften entschärft werden müssen, ist dann völlig unbegründet. Das leichte Anheben des Bügelverschlusses führt einfach nur zu schalem Bier. Und das möchte doch wirklich niemand trinken.

ABFÜLLEN UND VERKORKEN

Wenn du anfangs über den Hahn am Gärbottich in Flaschen abgefüllt hast, wirst du vor Freude jubiliert haben, als du das erste Mal das Abfüllröhrchen als Hilfsmittel im Einsatz hattest. Es geht aber noch schneller.

Den Hahn nicht ständig auf- und zudrehen zu müssen, erspart sehr viel Ärger und der Verlust an Jungbier ist vergleichsweise gering. Es geht aber noch besser und vor allem schneller, und zwar mit der **automatischen Abfüllpistole**. Preislich liegt sie bei 15 Euro.

Über einen 9 oder 14 Millimeter dicken Schlauch kann die Abfüllpistole direkt an den Hahn des Gäreimers oder auch an einen anderen Behälter mit Hahn, in den du vorher umgeschlaucht hast, angeschlossen werden. Positioniere die zu befüllenden und bereits mit der korrekten Menge Zucker bestückten Flaschen in einer Bierkiste einfach unterhalb deines Jungbier-Behälters, öffne den Hahn und stecke den „Lauf" der Pistole komplett bis zur gummierten Fläche in die Flasche. Den Überlaufschlauch, der sich ebenfalls an der Pistole befindet, lässt du einfach in eine andere Flasche gleiten. Und schon kann's losgehen: Betätige nun den Druckknopf an der Pistole und lasse das Jungbier in die Flaschen laufen. Das passiert relativ schaumarm und schnell. Wenn die Flasche

voll ist, läuft das endvergorene Bier über den Überlaufschlauch schon in die nächste Flasche. Es wird also nichts verschwendet.

Mit dieser Füllhilfe sind 20 Halbliterflaschen im Nu, also in gut 2 bis 3 Minuten, befüllt.

Und welches Gebinde soll's sein?

Die meisten Brauanfänger füllen ihre ersten Sude für die Nachgärung in **Bügelflaschen** ab. Das liegt unter anderem daran, dass diese günstig für 15 Cent Pfand das Stück und nahezu allerorts zu bekommen sind. Man leiht sie sich auf unbestimmte Zeit aus und gibt sie zu einem späteren Zeitpunkt einfach wieder in den Pfandkreislauf zurück. Doch der allergrößte Vorteil: Die Flaschen bringen bereits einen Verschluss mit, der genutzt werden kann. Sie sind im Handumdrehen verschlossen und ein Flaschenöffner wird später auch nicht benötigt, wenn der Inhalt verkostet werden soll.

Allerdings bringt die Bügelflasche auch ein paar Nachteile mit: Ihr Verschluss schützt das Bier nicht sonderlich gut vor Sauerstoffeintrag. Und je häufiger der Bügelverschluss verwendet wird, desto mehr gibt sein Bügel nach. Das heißt, die Flasche wird immer undichter. Außerdem sollten die Gummis der Verschlüsse regelmäßig vor dem Abfüllen gesäubert werden, was zusätzlichen Arbeitsaufwand mit sich bringt.

Wer besonderen Wert auf die Optik legt, wird auf Dauer an manchen Bügelflaschen sowieso wenig Spaß haben. Denn einige Brauereien haben ihr Logo auf den Keramik- oder Kunststoffkopf positioniert. Das beißt sich mit dem eigenen Etikett, das oft aufwendig eigens für das Selbstgebraute designt wird.

TIPP   DER MÜNZTRICK

Bei der Verwendung von Handverkorkern kann es passieren, dass die Kronkorken nach dem Verkorken eine kleine Einwölbung oder Delle haben. Das liegt an dem oftmals zu starken Magneten im Verkorker, der eigentlich nur den Kronkorken festhalten soll. Um die unschöne Einwölbung zu vermeiden, positionierst du eine 2-Cent-Münze am Magneten im Verkorker und setzt die Kronkorken immer direkt auf die Flaschenöffnung, bevor du verkorkst. Unliebsame Dellen auf den Korken sind damit Geschichte.

Sinnvoll ist daher der Umstieg auf den **Kronkorken** als Verschluss. Die Flaschenleihgaben aus dem Getränkemarkt sind sogar nur mit 8 Cent bepfandet. Außerdem kann hier zwischen unterschiedlichen Formen wie zum Beispiel Euro-, NRW-, Longneck-, Vichy- oder Steinie-Flasche ausgewählt werden.

Bei den Kronkorken hast du auch nochmal die Qual der Wahl: Gold, silber oder bronze? Schwarz oder weiß? Grün, blau, rot oder orange: Die Auswahl wird neuerdings immer bunter. 100 Rohlinge kosten zwischen 2,50 und 3 Euro. Wenn du gleich mehr nimmst, wirst du bei einigen Händlern noch mit einem Mengenrabatt belohnt.

Um den Korken nun auf die Flasche zu bekommen, brauchst du nur noch einen **Verkorker**. Dabei kannst du zwischen günstigen Handverkorkern oder robusten, aber auch teureren Standverkorkern wählen. Ich bin seit Tag eins ein Freund vom flexiblen Handverkorker, zum Beispiel vom roten Modell „Emily" (14 Euro), in vielen Shops bestellbar. Brauchbare Standverkorker bekommst du mittlerweile auch ab 30 Euro, für besonders wertige Modelle musst du allerdings tief in die Tasche greifen und bis zu 150 Euro bezahlen. Im Gegensatz zu „Emily" oder anderen günstigen Lösungen halten die aber vermutlich ein ganzes Leben lang.

Wer besonders häufig und viel braut, der wird nach einer Weile nach größeren Gebinden Ausschau halten. Es gibt im Netz ein paar Flaschenhändler, die recht günstig 1-Liter-Flaschen mit Bügelverschluss vertreiben. Auch **2-Liter-Flaschen** findet man ab und an, sogar im Getränkemarkt. Nützlich sind auch Siphonflaschen, die meist ebenso 2 Liter fassen. Einziger Nachteil: Wenn die große Flasche oder der Siphon einmal geöffnet sind, sollten sie am selben Tag auch ausgetrunken werden. Für einen gemütlichen Fernsehabend sind sie also nur geeignet, wenn du nicht der einzige Biertrinker bist. Ansonsten könnte das Aufstehen am nächsten Morgen dank eines dicken Schädels etwas anstrengend werden ...

Als Mitbringsel zur Grillparty eignen sich meines Erachtens auch **5-Liter-Dosen** hervorragend. Aufgrund ihres größeren Fassungsvermögens im Vergleich zu Flaschen sind die Dosen auch etwas für faule Hobbybrauer wie mich: Das Befüllen der Dosen dauert nämlich nicht lange. Im Einkauf kostet die 5-Liter-Partydose mit Verschlussstopfen knapp 7 Euro, allerdings ist sie nicht für eine dauerhafte Nutzung gedacht. Insbesondere wenn die Dose einen eingebauten Plastikhahn hat, kann sie eigentlich nur einmal verwendet werden. Denn den Hahn bekommst du unter Garantie nicht mehr richtig sauber, weil er sich nicht ausbauen lässt. Es gibt aber auch Dosen ohne eingebauten Hahn, die mit passendem Hahnset (zwischen 40 und 130 Euro) und gründlicher Reinigung auch 5- bis 10-mal Verwendung finden können.

Im Übrigen funktioniert eine Nachgärung in der Partydose genauso wie in der Flasche.

Der große Vorteil von Dosen und Fässern ist ihre Licht- und Luftundurchlässigkeit. Damit ist das Bier optimal geschützt und behält bei dauerhaft kühler Lagerung enorm lange seine ursprüngliche Qualität. Wenn du gar keine Lust mehr auf ein Abfüllen in Flaschen hast, kannst du über kurz oder lang auch auf **Kegs**, also kleine Fässer, umsteigen. Bei Heimbrauern sehr beliebt sind sogenannte CC- und NC-Kegs, die 18 bis 19 Liter Füllvolumen aufweisen und damit Platz für einen kompletten Sud aus der Einkocherklasse bieten. Sie sind aus zweiter Hand recht preiswert (ab 50 Euro) bei einigen Onlinehändlern, die sich auf Fass- und Zapfanlagenzubehör spezialisiert haben, zu erhalten und wurden ursprünglich von Softdrinkherstellern für deren Erzeugnisse verwendet. Eine aufwendige Reinigung ist also vor der Benutzung meist nicht nötig. Sehr zu empfehlen ist direkt die Anschaffung eines Keg-Komplettsets mit CO_2-Flasche und Zapfhahn, erhältlich ab 170 Euro.

Mehr zu Fässern findest du im Buch „Bier brauen" von meinem Autorenkollegen Jan Brücklmeier, erschienen im Eugen Ulmer Verlag.

DAS FLASCHENMANOMETER

Mit einem Flaschenmanometer kannst du während der Nachgärung überprüfen, ob sich schon ausreichend CO_2 gebildet hat und dein Bier bereit ist für die Reife- und Lagerphase.

Anstelle eines anderen Verschlusses setzt du das Manometer auf eine der frisch mit Jungbier und der für die Nachgärung notwendigen Menge Zucker befüllten Flaschen und stellst diese dann zu den anderen – wie gewohnt für mindestens eine, besser noch zwei Wochen – an einen warmen Ort, damit in den Flaschen ausreichend Kohlensäure entstehen kann.

Manchmal kann es passieren, dass die Nachgärung ins Stocken gerät. Zum Beispiel dann, wenn die Umgebungstemperatur nicht ausreichend hoch ist. In diesem Fall ist ein Flaschenmanometer äußerst nützlich. Du kannst den Druck jederzeit ablesen und weißt ganz genau, **wann die Nachgärung beendet ist**.

Auch wenn es sehr praktisch ist, nutze ich selbst kein Flaschenmanometer, da ich zu den Heimbrauern gehöre, die lieber nach 7 Tagen Nachgärung eine erste Verkostung des Bieres vornehmen. Es handelt sich dabei schließlich um eine wichtige und notwendige Qualitätsüberprüfung. Dann weiß ich schließlich auch, wie es um den Kohlensäuregehalt meines Selbstgebrauten bestellt ist.

Falls du doch ein Manometer in dein Brauequipment aufnehmen möchtest, bekommst du es für ca. 9 Euro in vielen Baumärkten oder im Onlinehandel. Den passenden Aufsatz für die Flasche kannst du dir selber basteln, Anleitungen dafür findest du im Internet. Ein fertiges Flaschenmanometer bieten verschiedene Händler online aber auch an. Dafür musst du ungefähr 30 Euro berappen.

ROHSTOFFE

Warum du Wasser fürs Brauen manchmal aufbereiten musst, wie bunt die Welt der Malze ist, wie du die perfekte Kombination aus mehreren Hopfensorten findest und welche Hefe zu welchem Bierstil passt, verrät dir dieses Kapitel.

WASSERAUFBEREITUNG UND MAISCHE-PH

Bislang war das Wasser, das aus deiner Leitung kam, sicher auch das Wasser, das du zum Brauen verwendet hast. Für manche Biere lohnt es sicher aber, sein Brauwasser aufzubereiten, um sie geschmacklich noch runder zu machen.

Ich empfehle meinen Brauschülern grundsätzlich, am Anfang keine Zeit mit der **Wasseraufbereitung** zu verschwenden. Es gibt für Brauanfänger so viel spannendes Neues zu entdecken, dass ich sie mit der Wasserchemie zunächst einmal nicht belästigen möchte. Doch wenn dein Trinkwasser beispielsweise einen zu **hohen Härtegrad** aufweist, wirst du bei hopfenintensiven Bieren immer eine **kratzige Bittere** im Abtrunk bemerken. Wenn dich das stört, solltest du dich über die Wasserqualität deines Ortes informieren und dein Brauwasser nach Möglichkeit anpassen.

Jetzt wird's leider ein bisschen kompliziert, denn ganz ohne chemische Zusammenhänge lässt sich die Wasseraufbereitung nicht erklären. Da Chemie in der Schule aber auch nie mein Lieblingsfach war, versuche ich, es so einfach wie möglich zu halten.

Zunächst einmal gibt es nicht das eine perfekte Brauwasser. Jeder Bierstil benötigt eine andere Wasserqualität, damit das Endprodukt so schmeckt, wie es schmecken soll. Entscheidend ist die Restalkalität des Wassers. Und die sollte für helle Biere unter 5 °dH (Grad deutscher Härte), speziell für Pilsner Biere zwischen -2 und 2 °dH, und für dunkle Biere zumindest unter 10 °dH liegen.

Was ist die Restalkalität?

Die **Restalkalität** beschreibt den Einfluss des Brauwassers auf den pH-Wert der Biermaische. Damit die Enzyme die Stärke der Gerste oder anderer Malze optimal in Zucker umwandeln, benötigen sie ein leicht saures Milieu, in Zahlen einen **pH-Wert von 5,5 bis 6,5**. Malz macht die Maische schon per se geringfügig sauer, sodass das Brauwasser möglichst pH-neutral (pH-Wert 7) sein sollte. Pauschal kann man das aber nicht behaupten. Es kommt auch ganz auf deine Schüttung an: Je dunkler das Malz, desto saurer wird auch die Maische und desto höher sollte entsprechend auch der pH-Wert des Wassers sein.

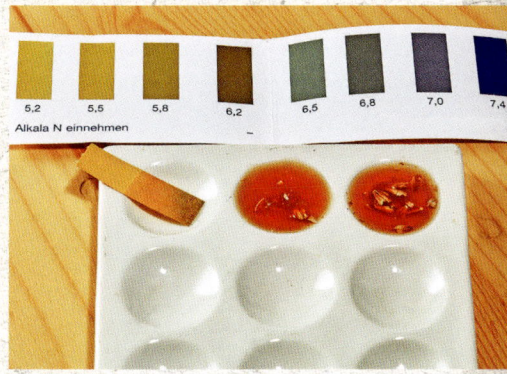

Im unserem Leitungswasser befinden sich außerdem unterschiedliche Salze aus der Erde, genauer gesagt, gelöste Bestandteile von Mineralien, Ionen genannt. Sie beeinflussen die Beschaffenheit des Wassers auf unterschiedliche Art. Besonders relevant sind die Ionen der Erdalkalimetalle, unter anderem Magnesium und Calcium, sowie das Alkalimetall Natrium. Im Wasser gehen diese Ionen unterschiedliche Verbindungen ein. Hydrogencarbonate bilden mit Calcium und Magnesium die sogenannte **Karbonathärte**, die sich säurevermindernd auswirkt. Alle anderen Calcium- und Magnesiumverbindungen fasst man unter **Nicht-Karbonathärte** zusammen. Diese ist säurefördernd.

Karbonathärte und Nicht-Karbonathärte ergeben zusammen die Gesamthärte. Aber die ist nicht entscheidend, uns geht es um die Restalkalität. Ihren Wert erhältst du, wenn du – vereinfacht gesagt – **von der Karbonathärte ein Viertel der Gesamthärte subtrahierst**.

Wichtig ist letztlich für die Maische, dass die Restalkalität des Wassers nicht zu hoch ist, da sonst auch der Maische-pH-Wert erhöht ist und die Enzymaktivität darunter leidet. Darüber hinaus führt eine zu hohe Restalkalität zu der bereits erwähnten kratzigen Hopfenbittere.

Dein Brauwasser aufbereiten

In meiner Heimatstadt Dortmund haben wir traditionell verhältnismäßig hartes Wasser, aber eine niedrige Restalkalität. Daher konnte das eher malz- und nicht besonders hopfenlastige Dortmunder Helle, auch als Export bekannt, hier sehr gut gebraut werden. Für Pils bedarf es auch in Dortmund einer Wasseraufbereitung.

Was kannst du also tun, wenn die Restalkalität deines Brauwassers zum Beispiel über 5 °dH liegt, du aber gerne ein helles, sehr hopfenbetontes Bier wie ein Pils brauen möchtest? Bei einem zu hohen Wert der säurevermindernden Karbonathärte kann eine **Säureenthärtung** die Lösung sein. Das heißt: Du gibst einfach Milchsäure zum Brauwasser.

Diese ist entweder in Sauermalz enthalten, kann aber auch als 80%ige Lösung in der Apotheke käuflich erworben werden. Um **die Restalkalität in 100 Liter Wasser um 1 °dH zu senken, benötigst du 3,32 Milliliter** von dieser Milchsäurelösung. Vergiss also besser nicht, in der Apotheke auch noch ein paar Pipetten zu kaufen, damit die Dosierung möglichst genau ist. Wenn du dir schon die Mühe machst, dann soll das Ergebnis ja auch stimmen. Wer zu Sauermalz tendiert, das lediglich 2 % Milchsäure hat, benötigt 162 Gramm, um die Restalkalität in 100 Litern Wasser um 1 °dH zu mindern.

Es gibt noch einen weiteren sehr einfachen Weg, die Karbonathärte deines Brauwassers zu senken: Du kannst es am Vorabend vor dem Brautag einfach für 30 Minuten kochen lassen. Durch das **Abkochen** fällt sonst schwer löslicher Kalkstein aus und setzt sich über Nacht am Boden des Topfes ab. Das Wasser hat dann nur noch ungefähr 2 °dH an Karbonathärte und kann tags darauf von dir zum Bierbrauen verwendet werden.

Das Thema der Wasseraufbereitung ist natürlich noch viel komplexer. Wenn du tiefer in die Materie eintauchen möchtest, empfehle ich dir, einen Blick in das Buch „Bier brauen" von meinem Autorenkollegen Jan Brücklmeier zu werfen.

BESONDERE MALZE UND IHR EINFLUSS AUFS BIER

In der Mälzerei durchlaufen alle Getreidekörner zunächst denselben Prozess: Sie weichen und keimen. Erst die anschließende Heißluftdarre entscheidet über Sorte und Farbe des Malzkorns. Die Auswahl ist mittlerweile riesig. Welches Malz soll's denn sein?

Man hat's nicht leicht als kreativer Heimbrauer, wenn es um die Malzauswahl geht. Sicher kennst du das auch: Da will man einfach nur ein Rezept nachbrauen und liest in der Übersicht der Zutaten, dass ein Karamellmalz zur Schüttung zählt. Irgendeins? In den Braubedarfshops gibt es reichlich unterschiedliche Karamellmalze von diversen Mälzereien. Nach welchen Kriterien soll man denn da entscheiden?

Bei der Fülle an Sorten verliert man leicht den Überblick. Jedes Malz beeinflusst den Geschmack und die Farbe des späteren Brauerzeugnisses auf seine Art und Weise. Aber welche Sorten sorgen zum Beispiel für eine rote Bierfarbe? Welche Malze machen das Selbstgebraute besonders malzaromatisch? Spätestens bei deinem ersten eigenen Rezept (mehr zur Rezeptentwicklung findest du ab Seite 115) stellst du dir diese Fragen sowieso. Grund genug, sich vorab schon mal einen Überblick über die besonderen Malzsorten abseits der Basismalze zu verschaffen.

In den meisten Bieren befindet sich ein Großteil der gängigsten Malzsorten Pilsener, Wiener oder Münchner Malz. Sie bringen ausreichend Enzyme sowie eine große Menge an Stärke mit und sind daher auch nahezu unersetzlich. Neuerdings bieten Mälzereien auch gerne die neue Basissorte **Pale-Ale-Malz** an, die im Vergleich zu Pilsener Malz zu geschmacklich etwas süßeren und vollmundigeren Bieren führt. Doch für den Feinschliff des Malzkörpers sind andere Malzsorten verantwortlich.

Die **Karamellmalze,** oder kurz Caramalze, erfreuen sich vor allem in der Kreativbier-

Röstmalz

Pilsener Malz

Karamellmalz

Weizenmalz

szene großer Beliebtheit. Sie bringen Vollmundigkeit und süßliche Karamellaromen ins Bier. Besonders wertvoll macht sie aber, dass sie Biere gut färben können: von strohgelb bis tiefdunkel. Danach übernehmen **die Farb- und Röstmalze** die Färbung des Brauerzeugnisses. Bei englischen Mälzereien heißen Karamellmalze übrigens **Crystal Malts**. Sie bringen besonders auffällige Karamell-, Biskuit- und auch Toffeearomen mit, die deutsche Karamellmalze oftmals vermissen lassen.

Projekt Rotbier

Durch Zugabe von rotem Karamellmalz oder Bernsteinkaramellmalz, zum Beispiel CARARED® und CARAAMBER® der Bamberger Mälzerei Weyermann, lassen sich Biere mit Rotstich herstellen. Die Dosierung ist allerdings etwas tricky. Zu 25 % Schüttungsanteil sollten diese Karamellmalze maximal mit eingemaischt werden, da sie das Selbstgebraute sonst zu süß machen. Ähnlich verhält es sich mit **Melanoidinmalz**,

BESONDERE MALZE UND IHR EINFLUSS AUFS BIER | 53

Regelmäßig wird in meinen Brauseminaren nach einem Rezept für ein hübsch anzusehendes Rotbier gefragt. Ich verweise mittlerweile gerne auf meine „Rauchige Zora", ein Rauchbier, das ein wenig an die Nürnberger Rotbiervariante erinnern soll. Dort wird es schließlich schon seit 1300 gebraut und damals wusste noch niemand etwas von der Heißluftdarre, die heutzutage in den Mälzereien Verwendung findet. Früher darrte man das Malz über dem offenen Feuer, was zur Folge hatte, dass jede Malzsorte ein wenig rauchig war.

In meine „Rauchige Zora" kommt aber nur ein kleiner Anteil an Rauchmalz, der kaum ins Gewicht fällt und dem Bier seine angenehme Trinkbarkeit lässt. Die rote Farbe erzeugt hierbei eine Malzmischung der Mälzerei BEST aus Heidelberg namens BEST Red X®, die vermutlich aus Wiener oder Münchner Malz sowie Melanoidinmalz besteht. Das „Geheimrezept" verrät BEST natürlich nicht, ein Schüttungsanteil von 100 % ist hier aber kein Problem. Mein Rotbierrezept darfst du gerne nachbrauen. Du findest es auf Seite 166.

das ebenfalls einen leichten Rotton ins Bier bringt. Wer sein Bier gerne schlank mag, sollte auf diese Variante aber verzichten. Die Melanoidine aus dem Malz sorgen für einen mächtig-vollmundigen Körper, der nicht jedermanns Sache ist.

Alternativen zur Gerste

Die zweizeilige Sommergerste hat sich in Europa als wichtigstes Braugetreide durchgesetzt. Sie hat einen geringeren Eiweißanteil als die sechszeilige Wintergerste, die zwar mehr Ertrag bringt, aber dennoch eher als Viehfutter verwendet wird.

Doch neben den Gerstensorten wie Steffy, Hanka oder Barke werden in den Mälzereien auch andere Getreidesorten für den Brauprozess vermälzt, allen voran natürlich der **Weizen**. Er verleiht dem Bier eine besondere Spritzigkeit, bereitet dem Brauer jedoch bei einem hohen Schüttungsanteil über 70 % echte Probleme beim Läutern. Der Grund: Weizen bringt keine Spelzen mit, die eine natürlich Filterschicht bilden und beim Läuterprozess unterstützen könnten. Selbst klassische bayerische Weizenbiere werden aus diesem Grund auch noch mit einem Anteil an Gerstenmalz eingebraut.

Ein beschwerliches Läutern steht dir ebenfalls bevor, wenn du mal ein Bier mit **Roggenmalz** brauen möchtest. Der Roggen ist wie der Weizen spelzenlos und sorgt aufgrund seiner Klebeeiweiße beim Läutern für eine hohe Viskosität. Das Läutern dürfte also eine klebrige Angelegenheit werden. Wenn dir aber brotartige Aromen im Bier besonders gefallen, dann sollte Roggenmalz deine erste Wahl sein.

Emmermalz wird nur von wenigen Mälzereien hergestellt. Aufgrund seines nussigen Geschmacks lohnt es sicher einmal, auch dieses Getreide in einem selbstgebrauten Craftbier unterzubringen. **Dinkelmalz** ist wie Emmermalz ebenfalls nur schwer zu bekommen. Doch auch hier solltest du mal einen Brauversuch wagen, wenn sich die Chance ergibt. Biere, die mit Dinkelmalz eingebraut werden, sind vollmundiger und runder als reine Gerstenmalzbiere.

Hafermalz bringt sein ganz eigenes Haferaroma mit. Gerne wird Hafer allerdings auch direkt als Rohfrucht verwendet. **Rohfrucht** bezeichnet Getreide, das unvermälzt ist. Das deutsche Biersteuergesetz untersagt die Verwendung von Rohfrucht bei kommerziellen Brauerzeugnissen. Uns kreative Heimbrauer interessiert das herzlich wenig – und die Brauereien in Amerika oder in Asien zum Beispiel auch nicht. Dort wird gerne mit Reis oder Mais, natürlich ebenfalls unvermälzt, gebraut. Die Biere werden dadurch schlanker und süffiger.

TIPP   BRAU DIR EIN POLENTA-BIER!

Verwende bei hellen sommerlichen Bieren ruhig mal einen kleinen Anteil an Polenta, also Maisgrieß. Der Sud wird deine nächste Grillparty nicht überleben, so schnell wird das Bier ausgetrunken sein. Die dezent Süße rundet das Bier wunderbar ab und macht es zum perfekten Durstlöscher an heißen Tagen.

56 | Rohstoffe

HOPFEN, DIE SEELE DEINES BIERES

Der Hopfen verleiht dem Gebrauten herrliche Aromen und eine markante Bittere. Er ist das Gewürz, das dem Bier seine Seele gibt. Dank seiner antibakteriellen Wirkung schützt Hopfen das Bier auch noch vor fremden Bakterien. Ohne Hopfen geht's also nicht mehr.

Seit ich mit dem Heimbrauvirus infiziert bin, ist eine Schublade meines Gefrierschranks stets für Hopfen reserviert. Da müssen Prioritäten gesetzt werden: Für TK-Pizza, Fischstäbchen und Buttergemüse ist jetzt einfach kein Platz mehr.

Einvakuumiert und bei Temperaturen **unter 0 °C** lagert man Hopfen am besten, um seine Qualitäten möglichst lange zu konservieren. Aus diesem Grund solltest du ruhig ein wenig Platz in deiner Kühltruhe oder in deinem Eisfach schaffen, wenn du die nächste Großbestellung tätigst. Vorausgesetzt, auch bei dir hat sich über die Zeit schon eine gewisse Sammelleidenschaft entwickelt.

Neue Hopfensorten bestelle ich eigentlich immer sofort. Ich muss ja auf dem Laufenden bleiben und will mit anderen Hopheads im Craftbierzirkus mitreden können. Statt 100 Gramm ordere ich gerne auch mal sicherheitshalber die doppelte oder gar fünffache Menge. Denn wenn der Hopfen überzeugt, möchte ich ihn garantiert auch noch in einem oder mehreren anderen Bieren verbrauen. Und dann gibt es da noch diese Augenblicke, in denen im Onlinewarenkorb noch 5,50 Euro bis zur kostenlosen Lieferung fehlen und das 100-Gramm-Tütchen der neuen Ernte Tettnanger überraschenderweise genau für diesen Preis zu haben ist. Ach, Schwamm drüber ... und einfach mitbestellt!

Das Ende vom Lied ist eine proppenvolle Hopfenschublade und viel zu wenig Zeit, um all diesen wunderbaren Hopfen zu verbrauen. Daher finden sich auch bei mir noch hin und wieder ältere Jahrgänge verschiedener Sorten.

Alterung und Oxidation von Hopfen

Wenn es dir nicht schon passiert ist oder du extrem diszipliniert bist, wird es dir eines Tages gehen wie mir mit der überfüllten Hopfenschublade. Und dann stellen sich ein paar Fragen: Lohnt es sich überhaupt, so alten Hopfen für ein Selbstgebrautes zu nutzen? Haben sich eventuell Aromen über die Zeit abgebaut? Bittert der gealterte Hopfen mein Bier noch so effizient, wie es mir der angegebene Alphasäuregehalt auf der Packung verspricht?

Vorweg: Das Alter macht natürlich auch dem Hopfen zu schaffen. Aktuelle Studien belegen aber, dass bei korrekter Lagerung – also sehr kühl und im besten Fall auch nach der Nutzung wieder vakuumverschlossen – selbst nach einigen Jahren die **Abnahme des Alphasäure- und des Aromaölgehalts** verschwindend gering ist. Für die Berechnung einer Hopfengabe spielt die Alterung also keine Rolle.

Bedenken solltest du aber bei **oxidiertem Hopfen** haben. Wenn du ein offenes Päckchen nach dem ersten Gebrauch nicht wieder ins Eisfach legst, sondern stattdessen bei Zimmertemperatur und dem Sauerstoff ausgesetzt lagerst, wirst du recht schnell einen **käsigen Duft** wahrnehmen. Bittern kannst du dein Bier mit diesem Oxidationsopfer durchaus noch. Auf das Aroma solltest du allerdings keinen Wert mehr legen.

Hopfenstopfen 2.0

Eine **Kalthopfung** sorgt für einen Aha-Effekt beim Biertrinker, da sind sich wohl die meisten Brauer einig. Wenn handwerklich gebraute Biere einen Duft von fruchtigen oder grasigen Aromen versprühen, sind die meisten Bierliebhaber davon sogleich angetan.

Natürlich muss nicht jedes Craftbier völlig „verhopft" werden. Dennoch bietet das Hopfenstopfen dem Brauer die besondere Chance, sein Bier von vielen Mainstream-Brauerzeugnissen abzuheben und so auf sich und seine Arbeit aufmerksam zu machen.

Die Grundidee ist einfach: Die **ätherischen Hopfenöle** sollen sich im frischen Jungbier lösen und diesem so ein außergewöhnliches Aroma verpassen. Grundsätzlich ist eine solche Hopfung im Kaltbereich, also nach der Hauptgärung, mit allen Hopfensorten möglich. Am Ende entscheidet der eigene Geschmack. Wenn du auf intensiv fruchtige

Aromen stehst, greife auf Sorten aus den USA, Australien oder Neuseeland zurück. Wenn du Freude an grasigen, kräuterigen und erdigen Aromen hast, solltest du einmal mit deutschen, tschechischen oder englischen Hopfensorten stopfen.

Je höher der Ölanteil einer Hopfensorte ist, desto effizienter kann sie für die Kalthopfung genutzt werden. Bei einem Gesamtölgehalt von 1,5 bis 2 Milliliter pro 100 Gramm reichen meist schon 2,5 Gramm Hopfen pro Liter, auf 20 Liter also 50 Gramm, um dem Jungbier ein kräftiges Hopfenaroma zu verpassen. Wer aber auf echte Hopfenbomben steht und keine Angst vor Geschmacksexplosionen hat, kann ruhig mal 5 Gramm pro Liter oder mehr verwenden.

Neben der in „Craft-Bier einfach selber brauen" vorgestellten Kalthopfungsmethode mithilfe eines Hopfensäckchens gibt es noch weitere Möglichkeiten, deinem Bier eine besonders intensive Hopfennote zu verpassen. Welche die beste Herangehensweise ist, möchte ich nicht beurteilen. Du entscheidest schlussendlich selbst, auf welchem Weg du dein selbstgebrautes Bier mit Hopfen stopfen möchtest.

Die simpelste Variante: Der Hopfen wird **ohne die Verwendung eines Hopfensäck-**

TIPP   HOPFENSORTEN AUFEINANDER ABSTIMMEN

Alle Hopfensorten lassen sich selbstverständlich auch kombinieren, alles nach deinem Gusto. Wenn du dich zum Beispiel zwischen mehreren Hopfen nicht entscheiden kannst, nimm jeweils ein Pellet der ausgewählten Hopfensorten zwischen deine Handflächen und zerreibe sie zusammen. Wenn dir das Aroma zusagt, kannst du diese Hopfenkombination zum Stopfen, aber auch für die Vorderwürze- oder die Whirlpoolhopfung nutzen.

INFO   DAUER DER KALTHOPFUNG

An der optimalen Dauer der Kalthopfung scheiden sich die Geister: 3, 5, 7 oder 10 Tage lauten die häufigsten Empfehlungen. Manche Brauer geben den Hopfen auch an mehreren Tagen in unterschiedlich hoher Dosis in ihr Jungbier. Nach neuesten Erkenntnissen der Wissenschaft sollen sogar bereits 6 Stunden Kontaktzeit für eine intensive Hopfennote im fertigen Bier ausreichend sein.

chens einfach lose in das Gärfass gegeben. Die Pellets lösen sich schnell auf, die Öle können sich optimal im Jungbier entfalten. Oftmals hat man bei dieser Variante schon nach 3 Tagen Kalthopfung ein zufriedenstellendes Ergebnis. Viele Brauer sind sich sicher: Die Aromaausbeute ist hier am höchsten. Nach einiger Zeit setzt sich der Hopfen – ähnlich wie die Hefe – am Boden des Bottichs ab. Sollte der Hopfen zu lange auf der Oberfläche des Jungbiers schwimmen, kannst du ihn mit einem abgekochten Löffel unterrühren. Dann sollte er schneller sedimentieren.

Wenn du deine Hefe gerne weiterverwenden möchtest, solltest du vorher das **Jungbier** in einen anderen Behälter **umschlauchen** und darin die Kalthopfung durchführen. Wie man Hefe erntet und ein weiteres Mal für die Gärung einsetzt, kannst du auf Seite 68 nachlesen.

Sehr beliebt in Heimbrauerkreisen ist derzeit auch die Verwendung eines **Hopfenfilters**, der für einige Tage ins Gärfass gehangen werden kann. Das beliebteste Model nennt sich „Hopfenstopfer" (Maße: 29 x 7 Zentimeter, Preis: ca. 20 Euro), fasst ungefähr 100 Gramm Hopfenpellets und kann eine Gewebefeinheit von 0,3 Millimeter vorweisen.

Damit bleiben nahezu alle festen Hopfenbestandteile während der Kalthopfung im Filter. Außerdem kann der „Hopfenstopfer" auch beim Hopfenkochen verwendet werden und ist – im Gegensatz zum Hopfensäckchen – leichter zu reinigen.

Unabhängig davon, welche Variante du für deine Zwecke des Hopfenstopfens auswählst, solltest du nach der Kalthopfung und vor dem Abfüllen auf jeden Fall das Bier einmal filtern, damit keine feinen Hopfenpartikel in den Flaschen landen können. Ein Monofilamentfilter leistet beim Umschlauchen in einen zweiten Eimer erfahrungsgemäß gute Dienste.

Hopfenstopfen während der Gärung?

Eigentlich solltest du das Bier immer erst ausgären lassen, bevor du eine Kalthopfung durchführst. Ein Grund dafür ist, dass sich durch die entweichende Gärkohlensäure ein Teil der Stopfaromen direkt wieder verflüchtigen könnte.

Manchmal kann es aber auch von Vorteil sein, wenn du bereits während der Gärung mit dem Stopfen beginnst. Dann zum Beispiel, wenn du **trübe Biere** bevorzugst oder einen Stil wie das **New England IPA** (Rezept auf Seite 158) brauen möchtest, der sich unter anderem durch seine auffällige Trübung definiert. Denn durch die frühe Zugabe des Stopfhopfens können sich Hefe und Eiweiße nicht so leicht und schnell absetzen wie gewöhnlich.

Und wenn du mal **zu viel Hopfen** für das Stopfen verwendet hast? Dann hilft nur warten. Gerade die Hopfenaromen, die durch die Kalthopfung ins Bier kommen, sind leicht flüchtig. Schon nach 2 bis 3 Wochen Lagerung kann sich das Selbstgebraute geschmacklich stark verändert haben. Wenn

---

TIPP   HOPFENSTOPFEN MIT DOLDEN

Wenn du dein Bier mit Hopfendolden stopfen möchtest, solltest du unbedingt auf das beschwerte Hopfensäckchen zurückgreifen. Anderenfalls schwimmen die aufgequollenen Dolden eine halbe Ewigkeit auf dem Jungbier und wollen gar nicht absinken, um ihr volles Aroma zu entfalten.

es dir andererseits mit intensiven Hopfenaromen besonders gut schmeckt, solltest du es auch schnell trinken, bevor sich die besonderen Geschmacksnoten wieder abgebaut haben. India Pale Ales zum Beispiel müssen nicht erst 4 bis 6 Wochen gelagert werden, ehe sie ihre perfekte Trinkreife erreicht haben.

Brauen mit wildem Hopfen

Wenn du beim sonntäglichen Spaziergang mit den Liebsten die Augen aufhältst, wirst du ihn an jeder zweiten Ecke finden: *Humulus lupus* in der Wildwuchsform. Für Brauer und Mediziner ist der Hopfen von Wert, unter Hobbygärtnern und Unwissenden gilt er als Unkraut.

Die wilden Dolden möchte man als Heimbrauer immer gerne sofort einsammeln und plant meistens im Kopf schon den nächsten Sud. Doch ganz so einfach ist es mit dem **Wildhopfen** nicht. Die Dolden könnten bereits bestäubt sein, was sie für das Bierbrauen unbrauchbar machen würde. Denn nach einer Befruchtung verändert sich der Geschmack des Hopfens. Auch der spätere Schaum würde darunter leiden, wenn der Brauer sein Bier mit befruchteten Dolden einbrauen würde. Daher wirst du in den Anbaugebieten der Hopfenzüchter auch keine männlichen, sondern nur gut behütete weibliche Hopfenpflanzen finden.

Wenn du es trotzdem einmal mit Wildhopfen probieren möchtest, bedenke, dass du den Alphasäuregehalt nicht kennst. Du wirst also nicht wissen können, wie viel Hopfen du für die gewünschte Bittere beim Kochen zur Würze hinzugeben musst. Im schlimmsten Fall wird das Bier so bitter, dass es ungenießbar ist. Es bietet sich allerdings eine späte Whirlpoolhopfung an, um einfach nur das Aroma der wilden Dolden für dein Selbstgebrautes zu gewinnen. Probiere es erst einmal mit zwei Händen voll. Wenn das Ergebnis zufriedenstellend ist, weißt du ja, wo du noch mehr vom wilden Hopfen finden kannst.

HEFE, DER STAR IM BRAUPROZESS

Sie ist der Hauptdarsteller in unserem Bierherstellungsprozess: die Hefe. Erst mit ihrer Hilfe kann die Bierwürze zum Gären gebracht werden, nur durch sie entstehen im Gärverlauf Alkohol und CO_2 sowie viele geschmacksbeeinflussende Gärnebenprodukte.

Doch ihr Treiben war lange Zeit ein großes Rätsel. Im Mittelalter wurde Würze zu Bier, weil der liebe Gott es so wollte. Das glaubte man zumindest. Das „Zeug", wie damals der bräunliche Schlamm genannt wurde, der sich nach der Gärung am Boden des Gärbottichs absetzte, galt damals als Abfallprodukt. In Wahrheit hatten Wildhefen den Gärprozess angestoßen und in Zusammenarbeit mit anderen Organismen wie Bakterien für teils abenteuerlich schmeckende Biere gesorgt.

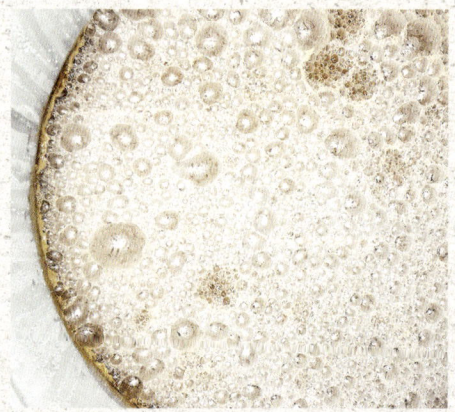

Die Geburtsstunde der Lagerbierhefe

Es dauerte bis zum Jahr 1876, ehe Louis Pasteur der Welt in einer wissenschaftlichen Arbeit mitteilte, dass Hefe aus Mikroorganismen besteht und für die Gärung essenziell ist. Die Hefezucht schritt voran. 1883 isolierte Emil Christian Hansen von der dänischen Carlsberg-Brauerei in seinem Labor eine obergärige Hefezelle, aus der wenig später ein Stamm mit dem Namen *Saccharomyces carlsbergensis* gezüchtet wurde: Die untergärige Hefe war geboren – und damit auch der Siegeszug der Lagerbiere. Ohne die Herren Pasteur und Hansen würden wir heute kein Helles und kein Pils kennen. Ein Prosit auf die beiden!

Trocken- oder Flüssighefe?

Hitzige Diskussionen liefern sich Brauer – sei es für sie der Beruf oder nur ein Hobby – schon seit eh und je darüber, ob getrocknete oder flüssige Hefe für die Gärung Verwendung finden sollte. Traditionalisten schwören immer noch auf die flüssige Form, während viele moderne Brauer, die auch im Ausland Erfahrungen gesammelt haben, vermehrt zur getrockneten Reinzuchthefe greifen.

Für den Einsteiger empfehle ich immer die durch Wasserentzug in der Herstellung konservierte **Trockenhefe**, denn sie kann einfach **auf die Würze aufgestreut** und muss nicht belüftet werden. **Flüssighefen** solltest du hingegen beim Anstellen noch

mit Sauerstoff anfüttern. Du musst also mit einem abgekochten Schneebesen dafür

---

INFO — VORTEIL DER UNTERGÄRIGEN HEFEN

Untergärige Hefen können auch bei niedrigen Temperaturen den Zucker aus der Würze verstoffwechseln. Dabei sind sie zwar langsamer als ihre obergärigen Pendants, erzeugen aber auch nur einen Bruchteil an Gärnebenprodukten. Das Ergebnis ist ein schlankes und elegantes Bier mit nur wenigen, fast unscheinbaren Hefearomen.

sorgen, dass ausreichend O_2 in die Würze hineingerührt wird. Der Sauerstoff wird für den Aufbau von Fettsäuren, sogenannten Lipiden, benötigt. Diese Lipide sind wichtig für den Hefestoffwechsel und erleichtern den Hefezellen die Aufnahme von Nährstoffen. Sprich: Die Belüftung wirkt sich äußerst positiv auf die Gärung aus. Trockenhefen werden aber bereits im Rahmen der Herstellung mit ausreichend Lipiden angereichert, sodass ein Belüften unnötig ist. Damit ist auch keine zusätzliche Infektionsgefahr gegeben.

Rehydrieren der Trockenhefe

Einige Hersteller empfehlen beim Einsatz von getrockneter Hefe allerdings, sie nicht einfach nur auf die Würze aufzustreuen, sondern die Hefe vorab besser zu rehydrieren, also wieder an ihre flüssige Form zu gewöhnen.

Anderenfalls ist die Trockenhefe derartig gestresst, dass bis zu 60 % der in der Tüte enthaltenen Hefezellen bereits absterben, bevor sie ihren Job erledigt haben. Keine Sorge, selbst in diesem Fall sind noch ausreichend Hefezellen für die Vergärung des Bieres vorhanden. Aber schaden kann das Rehydrieren der Trockenhefe sicher nicht.

Für das Rehydrieren benötigst du ungefähr die **10-fache Menge** der Hefe an Wasser, bei 10 Gramm also in etwa 100 Milliliter. Dieses Wasser sollte **35 bis 40 °C** warm sein und am besten vorher abgekocht werden. Fülle es in einen möglichst keimfreien Behälter, streue die Hefe auf und decke den Behälter mit Klarsichtfolie ab, damit sich keine Fruchtfliegen an der Hefe erfreuen können. Nach 15 Minuten kannst du einmal umrühren, und nach 20 bis 30 Minuten hat die getrocknete Hefe bereits so viel Flüssigkeit aufgesogen, dass du sie anschließend in den Gärbottich geben kannst. Diese Vorgehensweise empfiehlt zumindest der kanadische Hefehersteller Lammeland.

Wenn du möchtest, dass deine Gärung noch früher einsetzt, musst du die Hefe in einer Nährlösung rehydrieren. Das kann entweder ein einfaches Malzbier ohne Süßstoffe sein oder besser noch eine Lösung, hergestellt aus Wasser und Trockenmalzextrakt. Gib der Hefe in der Nährlösung ruhig ein wenig mehr Zeit, bevor du sie in den Gärbottich gibst. 2 bis 3 Stunden sollten reichen, damit die Gärung danach bedeutend früher als gewohnt starten wird.

Underpitching und Overpitching

Für obergärige Biere reicht auf 20 Liter Würze ein Tütchen mit 11 bis 12 Gramm Hefe aus. Bei untergärigen Bieren hingegen solltest du die Hefe niemals zu knapp dosieren, da ist eher die doppelte Menge gefordert.

Ein **Underpitching**, also die Verwendung von zu wenig Hefe, kann zu mehr Gärnebenprodukten führen, als man sich für ein Lagerbier wünscht, und dem untergärigen Bier so seinen typischen schlanken Charakter nehmen.

Doch auch ein **Overpitching**, also eine Überdosierung der Hefe, kann sich nachteilig auf den Geschmack auswirken. Die Gärung

---

TIPP — **HEFE GUT DOSIERT**

Am besten merkst du dir: Für untergärige Biere benötigst du pro Liter Würze ca. 1 Gramm Hefe, bei obergärigen Bieren reicht in etwa die Hälfte.

kann zu schnell verlaufen und das Bier dünn und flach wirken lassen, weil gewisse geschmacksgebende Esterverbindungen sich gar nicht erst bilden konnten. Der Spruch „Viel hilft viel" passt hier also auch nicht.

Der Preisunterschied bei Hefen

Für getrocknete Reinzuchthefen spricht augenscheinlich zunächst ihr vergleichsweise günstigerer Preis.

Zwischen **2,50 und 3,50 Euro** kostet bei den Online-Braubedarfshops in der Regel ein Tütchen **Trockenhefe**. Für **flüssige Hefe** verlangen die Händler pro Beutel zwischen **7 und 10 Euro**.

Da lohnt es sich, die Hefe im Anschluss an die Gärung zu ernten, um sie beim nächsten Sud noch einmal zu verwenden. Das ist durchaus möglich. Denn die Hefe „schläft" ja nur, wenn sie nach Ende der Gärung am Boden des Bottichs liegt. Mit dem nächsten Zucker kann sie wieder „aufgeweckt" und erneut für die Vergärung genutzt werden. Sie ist dann auch noch agiler als zuvor.

Das Ernten der Hefe

Wenn du eine Flüssighefe mehrfach führen willst, wie der Profi sagt, musst du sie ernten. Mit anderen Worten: Du spülst sie nicht den Abfluss herunter, sondern rettest sie

---

TIPP   AB IN DEN KÜHLSCHRANK

Geerntete Hefe kannst du im Kühlschrank für mehrere Wochen aufbewahren. Je länger sie allerdings dort schlummert, desto aufwendiger ist ihre Reaktivierung für den nächsten Sud.

für einen der nächsten Brauvorgänge. Oder du schlauchst direkt nach dem Abfüllen 20 Liter neue Würze im anstellfähigen Temperaturbereich von 20 bis 25 °C auf den zuvor genutzten Gärbottich. Da bei mir aber zumindest Abfüll- und Brautag eher seltener zusammenfallen, habe ich das selbst noch nicht ausprobiert. Es sollte aber problemlos funktionieren, sofern die beiden Bierstile geschmacklich in eine Richtung gehen.

Beim Ernten von bereits geführter Hefe ist **äußerste Sauberkeit** gefragt, es sollten nur abgekochte oder **desinfizierte Utensilien** verwendet werden. Wenn du in diesem Fall nicht akribisch darauf achtest, dass alles clean ist, kannst du dir den nächsten Sud versauen. Und 20 Liter Selbstgebrautes in den Ausguss zu kippen, ist wahrlich keine schöne Vorstellung.

Kompliziert ist das Ernten nicht. Ob die Ausgangshefe getrocknet oder flüssig war, ist hierfür zweitrangig. Nimm dir einen keimfreien Löffel und fülle den Hefesatz aus dem Gärfass in ein ebenfalls keimfreies Gurken- oder Marmeladenglas ab, Deckel drauf und ab mit der Hefe in den Kühlschrank. Das Glas kannst du nach 2 bis 3 Tagen noch mal kurz aufdrehen, damit eventueller Gärdruck abgelassen werden kann. Danach solltest du das Glas aber bis zur nächsten Führung der Hefe nicht mehr öffnen, um Bakterien keine Chance zu geben, sich über deine Hefe aus erster Führung hermachen zu können.

Der Hefestarter

Insbesondere, wenn die Hefe schon eine Weile im Kühlschrank stand, geht's nur mit einem Hefestarter weiter.

Einen halben Liter Würze (8 bis 10 °P) oder eine ebenso zuckerhaltige Malzextraktlösung kochst du einmal kurz auf. Die meisten Heimbrauprofis nutzen dafür einen Erlenmeyerkolben (1 bis 2 Liter Fassungsvermögen) als Startergefäß. Nach dem Abkühlen der Würze gibst du dann einen Teil deiner Hefe aus erster Führung hinzu, damit diese sich in den kommenden 1 bis 2 Tagen in ihrer Nährlösung in etwa verdoppeln kann.

Wie viel Hefe du wirklich benötigst, kannst du vorab mithilfe von Rechentools im Netz genau bestimmen. Aber es gibt eine alte Brauerregel, die besagt, dass 0,5 bis 1 Liter dickbreiige Hefe auf 100 Liter Würze kommen sollten – also 100 bis 200 Milliliter in der Einkocherklasse.

Ein ehemaliger Brauschüler von mir hat für sein erstes Hefeweizen übrigens einen ganz unkonventionellen Weg beschritten. Er hatte vergessen, die passende Weizenbierhefe zu bestellen und stand am Brautag vor einem großen Problem. Ich riet ihm am Telefon, nach Kaufbieren mit noch lebendiger Hefe zu suchen und sich im Getränkemarkt damit einzudecken.

Das tat er: Er kaufte fünf Flaschen Hefeweizen von Schneider Weiße, trank sie jeweils bis zum Bodensatz leer und schüttete ebendiesen zur abgekühlten Würze. Den Starter hat er fein außer Acht gelassen, das Bier war trotzdem erstaunlich gut.

Hefe aus der Brauerei

Großes Glück hast du, wenn deine Ortschaft eine kleinere Brauerei ihr Eigen nennt. In vielen Fällen sind die Braumeister vor Ort sehr hilfsbereit und geben an Heimbrauer, die nett und höflich fragen, ihre brauereigene Hefe, natürlich in flüssiger Form, weiter.

Am besten erzählst du dem Braumeister einfach von deinem Vorhaben und lässt dich beraten. Lass dir so viel von seiner Hefe mitgeben, wie er für die jeweilige Menge Würze empfiehlt. Der Mann ist schließlich vom Fach und kennt seine Hefe am allerbesten.

TIPP — FINGER WEG VON DER BACKHEFE

Für den Einsatz von klassischer Backhefe beim Bierbrauen, sei es in frischer oder getrockneter Form, spricht übrigens nichts. Wenn dein Bier hinterher gut schmecken soll, ist es angebracht, auf eine Reinzuchthefe zurückzugreifen. Allerdings kannst du fürs Brotbacken auch mal die Brauhefe nehmen, wenn du gerade kein anderes Triebmittel im Haus hast.

Beliebte Trockenhefen und ihre Eigenschaften

In den letzten Jahren habe ich reichlich unterschiedliche Hefen ausprobiert. Einige davon mehrfach, wenn mir die selbstgebrauten Biere besonders gut geschmeckt haben. Für dich habe ich im Folgenden meine liebsten Trockenhefen, zumeist obergärig, und deren Eigenschaften sowie dazu passende Bierstile aufgeführt.

NOTTINGHAM ALE

Mein absoluter Favorit in Momenten, in denen ich keine passende Hefe für einen bestimmten Bierstil finde, ist die Nottingham-Hefe. Sie ist mein Allrounder. Ich verwende die „Notti" von Lallemand am liebsten für helle und dunkle Ales. Vor allem bei kühleren Gärtemperaturen (14 bis 17 °C) produziert sie kaum Nebenaromen und unterstützt so durch ihre Unauffälligkeit die Malz- und Hopfenaromatik im fertigen Bier. Wenn man sie klassisch bei Zimmertemperatur arbeiten lässt, ist sie meist schon nach 2 bis 3 Tagen mit ihrem Programm fertig. Ihr Endvergärungsgrad ist recht hoch, sie knackt mühelos eine Stammwürze von 18 °P. Außerdem sedimentiert die Hefe sehr zügig, sodass mit der „Notti" vergorene Biere auch schnell aufklaren.

S-04

Für jemanden, der aus Dortmund stammt, bin ich bei der S-04 von Fermentis doch sehr tolerant. Ich setze nämlich oft und gerne auf die „Schalke"-Hefe. Ich mag besonders an ihr, dass sie ähnlich vielseitig und schnell ist wie die „Notti". Die S-04 ist ein britischer Hefestamm, der leichte Fruchtester erzeugt und natürlich hervorragend für englische Bierstile geeignet ist. Ich mag sie aber auch in amerikanischen IPAs oder vergäre sogar manchmal mein Altbier mit ihr. Besonders beliebt ist sie in der Heimbrauerszene, weil sie für äußerst klare Biere sorgt.

US-05

Wer gerne IPAs im amerikanischen Westküstenstil, also mit einer ordentlichen Bittere und tropisch-fruchtigen Hopfenaromen braut, sollte zur US-05 von Fermentis greifen. Mit dieser Hefe bekommst du ein authentisches West-Coast-IPA produziert, da ihr Geschmacksprofil nur leicht estrig ist und somit die Hopfenaromen im Bier betont werden. Leider sedimentiert die US-05 nicht sonderlich gut. Die Biere bleiben also sehr lange trüb. Sofern die US-05 einmal im Onlinehandel vergriffen sein sollte, kannst du übrigens auf die BRY-97 von Lallemand zurückgreifen, die der IPA-Hefe von Fermentis in ihrem Gärverhalten und Geschmack doch sehr ähnlich ist.

ABBAYE BELGIAN ALE

Lallemands „Abbaye" ist eine Allzweckwaffe für die schweren belgischen Ales oder Abteibiere. Aufgrund ihrer hohen Alkoholtoleranz eignet sich diese Trockenhefe hervorragend für Bierstile wie Dubbel oder Tripel. Außerdem bringt sie die klassischen belgischen Hefearomen mit: Die Biere schmecken fruchtig und leicht pfeffrig.

BELLE SAISON

Ein belgisches Farmhouse Ale, in Belgien bekannter unter dem ursprünglichen Namen Saison, braue ich am liebsten mit dieser Hefe. Die Belle Saison von Lallemand bringt einen hohen Endvergärungsgrad mit und ihr Aromenspektrum reicht von fruchtig über würzig bis hin zu nelkig und pfeffrig. Die perfekte Hefe also für trockene, alkoholstarke Biere mit den klassischen Saisonnoten.

COLONIA F. UND GERMAN ALE

Ein kleiner Anbieter von Hefen ist die Brauwerkstatt in Hennef. Ihre zwei meines Erachtens besten Sorten erzeugen hervorragende Kölsch- und Altbiere. Die Colonia F. verleiht deinem Selbstgebrauten milde, leicht fruchtige Esternoten, wie man sie vom Kölschen Hellen kennt. German Ale nutze ich sehr gerne für Altbiere. Sie ist eine sehr neutrale Hefe, mit der ein Alkoholgehalt von bis zu 14 % möglich ist.

MUNICH CLASSIC

Bei Weizenbieren schwören viele Heimbrauer auf Flüssighefen. Im Trockenhefebereich kann ich dir die Munich Classic von Lallemand ans Herz legen.

SAFLAGER W34/70 (UNTERGÄRIG)

Für ein schlankes Pils eignet sich als Trockenhefe Fermentis Saflager W34/70. Die mit dieser Hefe vergorenen Biere sind nur minimal estrig und somit angenehm neutral. Diese Tatsache unterstützt den schlanken Malzkörper von Bieren nach Pilsener Brauart. Allerdings musst du Geduld mitbringen, wenn du mit der Saflager W34/70 arbeiten möchtest. Die Gärung kann bei 12 °C auch bis zu 2 Wochen dauern. Wenn dir das zu lang ist, kannst du auch die Saflager S-23 ausprobieren. Sie erzeugt geringfügig mehr Fruchtester, ist dafür aber auch ein paar Tage früher durch.

M54 CALIFORNIAN LAGER (UNTERGÄRIG)

Diese Lagerbierhefe ist auch für einen Einsatz bei Zimmertemperatur geeignet, erzeugt dennoch nicht so viele geschmacksbeeinflussende Ester wie die meisten obergärigen Hefen. Sie ist dein perfekter Partner, wenn du ein California Common brauen möchtest. Dabei handelt es sich um einen traditionellen Bierstil aus Kalifornien, der Ende des 19. Jahrhunderts entstand, als die untergärige Brauart in Europa immer populärer wurde. Natürlich wollten auch die Amerikaner Lagerbiere brauen, doch ihre Brauereien waren noch nicht allesamt mit Kühlmaschinen ausgestattet. Das Ende vom Lied war ein untergäriges Bier, das bei höheren Temperaturen vergoren wurde und dennoch bei Konsumenten an der Westküste schnell sehr beliebt war.

Lust auf ein Pils?

Hast du vor deinem ersten Brautag auch gedacht, du müsstest unbedingt zuerst ein Pils brauen? Für gewöhnlich ist der beliebteste Bierstil Europas auch die erste Wahl für die meisten Brauanfänger. Doch die Herstellung untergäriger Biere ist nicht sonderlich einfach.

Das erste Bier soll ein Pils sein? Oder zumindest ein Helles? Den meisten Brauschülern treibe ich diese Flausen in meinen Brauseminaren schnell wieder aus. Wer direkt mit einem Lagerbier starten möchte, springt kopfüber ins kalte Wasser. Jeder Anfänger sollte erst einmal in der Bezirksliga und nicht sofort in der Königsklasse seine Herausforderung suchen. Das kann nur schiefgehen. Ich bin selbst übrigens das beste Beispiel dafür. Mein erstes Export war alles, nur kein Export.

Obwohl mir mittlerweile auch schon das eine oder andere wohlschmeckende Untergärige geglückt ist, habe ich mir für das Thema Pils lieber einen Fachmann ins Boot geholt, der dir erklären wird, worauf du beim Brauen genau achten musst.

Tobias Palmer braut in Oberhausen sein Ruhrpottbrew Pilsner mit einer feinen Zitrusnote, die durch die im Whirlpool verwendeten Hopfensorten Saazer und Citra ins Bier gelangen. Für dich hat er ein paar Tipps parat.

Dein erstes Pils
EXPERTENMEINUNG: TOBIAS PALMER (RUHRPOTTBREW)

Du hast schon ein paar Brauversuche obergäriger Biere erfolgreich hinter dich gebracht? Dann kannst du dich nun auch der schönen Herausforderung Pils widmen. Das Brauen von untergärigen Bieren erfordert sehr genaues Arbeiten. Wenn du aber auf ein paar Dinge achtest, wird die Herstellung von Pils, Lager und Märzen für dich bald ein Kinderspiel sein.

Wie so oft ist die Vorbereitung alles, aber sie ist zum Glück nicht besonders aufwendig. Sorge vorab dafür, dass du Platz im **Kühlschrank** hast. Dein sperriger Gärbottich muss dort reinpassen, ein Gesamtvolumen von ca. 130 Litern sollte er also unbedingt mitbringen. Ein Eisfach nimmt nur unnötig Platz weg. Optimal ist natürlich ein eigener Kühlschrank, den du nur für dein Hobby und alle untergärigen Sude nutzen kannst. Dann hängt auch der Haussegen nicht so schnell schief, wenn du mal wieder etwas Untergäriges vergären lässt.

Reinige ihn vorab sehr gründlich, denn **Hygiene** ist in diesem Fall sehr wichtig. Der Kühlschrank sollte eine Temperaturregelung haben, damit du später die optimale Gärtemperatur einstellen kannst. Meistens haben die klassischen Haushaltskühlschränke nur einen Regler mit mehreren Stufen. Daher musst du vorab mit einem Thermometer überprüfen, welche Temperatur in der jeweiligen Stufe erreicht wird. Meistens kannst du diese Informationen schon der Bedienungsanleitung entnehmen, verlasse dich aber besser nicht allein auf diese Angaben.

Und das war's auch schon mit den Vorbereitungen. Bis zum Start der Gärung verläuft dein Brautag genauso wie bei jedem anderen Bier auch. Allerdings solltest du abschließend dafür sorgen, dass die Würze schnell heruntergekühlt und die **Anstelltemperatur von 20 bis 25 °C** noch am selben Tag erreicht wird. Bierwürze, die man über Nacht abkühlen lässt, verändert ihren Geschmack. Das fällt bei obergärigen Bieren nicht so sehr ins Gewicht wie bei untergärigen. Außerdem reduziert das rasche Abkühlen die **Infektionsgefahr**.

Entweder stellst du deinen Gärbottich direkt in den Kühlschrank und überprüfst regelmäßig die Temperatur. Noch besser allerdings ist das schnelle Herunterkühlen mittels Würzekühler. Dann kannst du bereits nach 20 bis 25 Minuten die Trockenhefe durch Aufstreuen hinzugeben. Wenn du bei obergärigen Bieren immer ein Tütchen auf 20 Liter Würze verwendest, nimm für das Pils besser die **doppelte Menge**.

Noch besser wäre es, wenn die Würze bei Zugabe der Hefe eine Temperatur von 9 bis 12 °C hätte. Dann müsstest du allerdings mit einem Hefestarter arbeiten, den du am besten auch schon eine Woche vorher angesetzt hast, damit sich ausreichend Hefezellen gebildet haben. Ansonsten kommt die Gärung nur schwer in Gang.

Die **Gärung** sollte **bei 12 °C** unter regelmäßiger Kontrolle ablaufen und dauert erfahrungsgemäß mit der von mir für ein Pils empfohlenen Hefe Saflager S-23 **ungefähr 8 bis 10 Tage**.

Nach Ende der Hauptgärung solltest du deinen Gärbottich aus dem Kühlschrank nehmen und eine 24-stündige **Diacetylrast** bei Zimmertemperatur durchführen. Diacetyl entsteht bei der Gärung und beeinflusst den Geschmack des Bieres durch ein feines, süßliches **Butteraroma**, kann aber durch eine eintägige Rast in einem kühlen Raum schnell abgebaut werden. Beim böhmischen Pils ist Diacetyl sogar erwünscht. Für dieses Pilsrezept passt es aber weniger. Viel Erfolg und gut Sud!

Das Pils-Rezept von Tobias findest du auf Seite 174.

Zwei Hefen im Einsatz

Es ist auch möglich, mit zwei Hefen gleichzeitig zu vergären, wenn du die Aromaeigenschaften gerne kombinieren möchtest. Für eine solche **Mischgärung** solltest du aber zunächst einmal jede Hefe für sich im Bier kennenlernen. Wenn du dann bei der Rezeptentwicklung eigener Biere auf die Idee kommst, dass zwei Hefeprofile sich gut ergänzen könnten, traue dich ruhig!

Ein Bier, für das sowohl die Belle Saison als auch die Nottingham-Hefe verwendet wird, ist das historische Gelbbier mit Grut von meinem Experten Jürgen Knoke. Das Rezept dazu findest du auf Seite 173.

Was ist Brettanomyces?
EXPERTENMEINUNG: MARKUS MAURER (BIERAGENTUR DO)

Brettanomyces, kurz Brett oder wissenschaftlich korrekt *Dekkera bruxellensis*, übernimmt die Rolle des seltsamen Onkels im Kreis der Hefefamilie. Bei Feiern kann sein merkwürdiger Humor entweder zu unvergleichlichen Momenten oder zum ultimativen Familienstreit führen.

Im natürlichen Umfeld lebt dieser Hefestamm auf Obstschalen. So schlich er sich schon gerne in Brauereien, Bäckereien und andere Produktionsstätten von Lebensmitteln ein. Gerade lang gelagerte Bierstile bekamen häufig Besuch von Onkel Brett: Egal ob Flanders Red, Lambic, Berliner Weiße oder traditionelle, britische Stock Ales, alle verdanken ihren charakteristischen und komplexen Geschmack zu großen Teilen diesem Hefestamm.

Letztgenannte Biere von der Insel sind auch der Grund für den heutigen Namen dieser besonderen Hefe. Im Jahr 1904 befasste sich der technische Direktor der Carlsberg-Brauerei Niels Hjelte Claussen ausgiebig mit den lang gereiften Stock Ales aus Britannien. Er wollte endlich herausfinden, welchen Ursprung deren intensive Aromen hatten. Sie erinnerten an Portwein und brachten einen auffälligen Tierstallgeruch mit. Im Rahmen seiner Forschung isolierte er eine Hefezelle, die er als geschmacksgebende Komponente ausmachen konnte und spontan als *Brettanomyces*, also den Pilz aus Britannien, bezeichnete.

Richtig eingesetzt und gezähmt kann Brett einem Bier unglaubliche neue Dimensionen an Geschmack verleihen. Mit vor Verzückung glasigen Augen sprechen Kenner dann von Aromen wie Pferdedecke, Leder, torfiger Würzigkeit und einer aberwitzigen Fruchtigkeit.

Häufig findet man *Brettanomyces* in Sauerbieren wieder. Bei diesen wird oft eine Mischfermentation genutzt. Neben normaler Bierhefe spielen dabei auch Bakterien wie *Lactobacillus acidophilus* eine Rolle. Zusätzlich zur alkoholischen Gärung entstehen so unter anderem auch Milch- und Essigsäure. Bei der teilweise jahrelangen Lagerung von Bieren wie Geuze oder Flanders Red kommt dann auch *Brettanomyces* ins Spiel und steuert seine komplexen Geschmäcker zu diesen Spezialitäten bei.

Denn wo andere Mikroorganismen das Handtuch werfen, macht Brett einfach weiter. Zu sauer, zu alkoholisch oder zu wenig Restzucker sind Kategorien, die *Dekkera bruxellensis* nicht kennt.

Aber aufgepasst: Wie bereits erwähnt kann der verschrobene Onkel dem Hobbybrauer auch ganz schnell mal die Party versauen. Denn Brett ist die Küchenschabe des Sudhauses. Einmal festgesetzt lässt sich dieser Hefestamm selbst durch intensiven Reinigungsmitteleinsatz nicht beeindrucken. Und das kann zum Problem werden. Denn niemand möchte, dass sein Pils, Festbier oder andere Klassiker am Ende wie ein Ziegenstall riechen und schmecken. Daher solltest du für deine ersten Experimente mit Brett ein komplett eigenes Brauzubehör mit Gärbehälter, Füller und Schläuchen verwenden, denn sonst droht die Kontamination späterer Sude.

Die Belohnung für das Extrarisiko sind unglaubliche Biere mit einer Geschmackstiefe, die ihresgleichen sucht. Saisons, IPAs, Porter- oder Grutbiere können ganz neue Aromawelten durch den Einsatz von *Brettanomyces* gewinnen. Für alle, die also meinen, bereits alles probiert und gebraut zu haben, ist Brett vielleicht der nächste Schritt.

BRAUPROZESS

Was Dekoktion ist, wie du unterschiedliche Rasten fährst, ob du auch alkoholfreies oder glutenfreies Bier brauen kannst und wie du den perfekten Schaum auf dein Bier zauberst, verrät dir dieses Kapitel rund um den Brauprozess.

EXTRAKTBRAUEN

Das Brauen mit Malzextrakt hat in Deutschland nur wenige Fans. Böse Zungen reden auch vom „Instant-Brauen" und vergleichen diese Art der Bierherstellung mit der Zubereitung von Tütensuppen: Der Aufwand ist gering, dem Bier fehlt aber die individuelle Note.

Während das Extraktbrauen international, vor allem in den Vereinigten Staaten, absolut anerkannt ist, werden deutsche Heimbrauer immer noch nicht richtig warm damit. Viele verschweigen sogar gerne, dass sie ihre ersten Brauversuche mit zumeist schon gehopften Malzextrakten, sogenannten **Bierkits**, unternommen haben. Denn der Weg zum eigenen Bier könnte einfacher kaum sein: Dose auf, das dickflüssige Extrakt mit Wasser verdünnen, aufkochen, ab damit in den Gärbottich und abkühlen lassen. Später einfach die beigelegte Hefe darüberstreuen und abwarten.

Auch ich habe mich zu Beginn meiner Heimbrauerkarriere mit ein paar Dosen flüssigem Malzextrakt eingedeckt, um erst einmal das Grundverständnis von Bierbrauen zu erlangen. Geschadet hat es mir nicht, und auch die Ergebnisse waren geschmacklich okay. Um zunächst einmal zu verstehen, wie die Gärung überhaupt funktioniert, sind Bierkits also durchaus zu empfehlen.

Es ist ja auch angenehm: Man spart sich einiges an Aufwand, nämlich die Schritte des Maischens und Läuterns – bei bereits gehopften Extrakten auch das Würzekochen. Der Brautag verkürzt sich also immens, denn der Hersteller des Malzextrakts übernimmt für dich die meiste Arbeit, die Produktion der Bierwürze. Mittels Vakuumverdampfung wird der Würze das Wasser entzogen. Das Ergebnis ist die sirupöse Substanz, die du dann als Basis für dein Bier weiterverwenden kannst.

Zum Start meiner Heimbraukarriere war ich ein riesiger Fan von hopfenintensiven India Pale Ales. Logisch, dass ich auch noch zusätzlichen Hopfen mitkochen und später meine ersten Hopfenstopfversuche wagen musste. Für solche Spielereien bieten sich Bierkits auf jeden Fall an.

Wenn du wenig Zeit zum Brauen hast oder einfach nur experimentieren möchtest, sind Malzextrakte nicht die schlechteste Wahl. Allerdings musst du ein paar Dinge beachten.

Sprittiges Bier durch Zuckerzugabe

Obschon die Bierkits auf 20 Liter fertiges Bier ausgelegt sind, beinhalten die mitgelieferten Dosen meist nur **1,25 bis 1,5 Kilogramm Malzextrakt**. Diese Menge reicht eigentlich nur für ca. 10 bis 12 Liter Würze mit einem Stammwürzegehalt von 12 bis 13 %. Oft wird bei Kits darauf hingewiesen, dass zusätzlich noch Haushaltszucker hinzugegeben sollte, um die entsprechende Zielstammwürze für 20 Liter Bierwürze zu erreichen. Dies stellt eine günstige Variante dar, die allerdings nicht zu empfehlen ist. Warum?

Der Haushaltszucker bringt kein eigenes Aroma mit, denn er wird von der Hefe komplett vergoren. Das Bier schmeckt hinterher geradezu sprittig oder, höflich ausgedrückt, alkoholaromatisch. Eine Option könnten Kandis oder Karamellsirup sein, um überhaupt ein wenig Aroma über den Zucker zu gewinnen.

Reduziert man die Menge an Wasser um die Hälfte, hast du ein anderes Problem: Aus dem bereits gehopften Malzextrakt würde ein doppelt so bitteres Bier entstehen. Was also tun? Es gibt Bierkits mit zwei Dosen à 1,5 Kilogramm Malzextrakt, die natürlich teurer sind, aber ein geschmacklich besseres Ergebnis bieten. Eine andere Möglichkeit sind ungehopfte, teils getrocknete Malzextrakte (DME, *dried malt extract*), die das volle Malzaroma mitbringen und somit als Zuckerersatz verwendet werden können. Diese ungehopften Malzextrakte lassen sich übrigens auch hervorragend als Hefestarter verwenden (siehe Seite 69).

Einen großen Nachteil haben alle Bierkits: Sie sind verhältnismäßig teuer. Die zeitliche Ersparnis kostet dich am Ende also bares Geld. Außerdem solltest du nicht unbedingt auf die beigelegte Trockenhefe zurückgreifen. Oft wird beim Hersteller an dieser Stelle gespart. Hier solltest du besser zusätzlich in eine qualitativ hochwertige Reinzuchthefe investieren.

Es bleibt festzuhalten, dass für den experimentierfreudigen und für den gestressten Heimbrauer ohne viel Freizeit Malzextrakte durchaus nützlich sind. Wenn du aber einmal mit dem Maischebrauen begonnen hast, wirst du den Schritt zurück zum Extraktbrauen vermutlich nicht mehr gehen. Denn die Gemütlichkeit eines ausgedehnten Brausamstages wirst du dann garantiert nicht mehr missen wollen.

INFO STEEPING

Eine weitere Option für mehr Aroma haben sich die amerikanischen Hobbybrauer ausgedacht: Beim „Steepen" werden bereits verzuckerte Malze (also Karamellmalzsorten oder Röstmalze) mithilfe eines Maische- oder Wäschesacks für etwa eine halbe Stunde in 65 bis 70 °C heißes Wasser eingetaucht. Auf diese Weise können sich die vollmundigen Malz- und die kräftigen Röstaromen lösen und du kannst das Wasser, mit dem du anschließend das Malzextrakt verdünnst, geschmacklich und auch farblich modifizieren.

ALKOHOLFREIES BIER BRAUEN

Bier könnte das ideale Getränk sein, schließlich ist es reich an Nährstoffen, stärkt das Immunsystem und senkt in Maßen genossen sogar das Herzinfarktrisiko. Wenn da doch bloß nicht der böse Alkohol wäre ...

Gibt es in deinem Freundeskreis auch Menschen, die keinen Alkohol trinken und deswegen noch nie ein Selbstgebrautes von dir probiert haben? Ich gebe es zu: Früher war man froh, wenn es in der Clique einen Abstinenzler gab. Der oder die konnte dann nach den Partys immer den Fahrdienst übernehmen. Aber ist es nicht schade, dass diese Freunde verpassen, was du als Heimbrauer selbst geschaffen hast: diese herrliche Hopfenfrische oder den wohlig-runden Malzkörper, einfach intensive Aromen, die selbstgebraute Biere eben immer mitbringen?

In der Industrie kann fertigem Bier der **Alkohol komplett entzogen** werden. Nachteilig ist hierbei, dass Alkohol auch ein Geschmacksträger ist und die 0,0-%-Biere somit sehr leer schmecken. Es gibt außerdem noch den **gestoppten Gärer**. Dabei wird das Bier kurz angegoren, die Gärung aber frühzeitig wieder unterbrochen, damit sich nicht mehr als 0,5 % Alkohol entwickeln kann. Doch auch hier gibt es einen Haken: Der klassische Würzegeschmack ist im fertigen Bier noch sehr präsent.

Variante Nummer drei ist eine Kombination aus den beiden erstgenannten: Man mischt komplett alkoholfreies Bier mit dem gestoppten Gärer. Für Hobbybrauer sind jedoch all diese Optionen, ein alkoholfreies Bier herzustellen, wenig praktikabel.

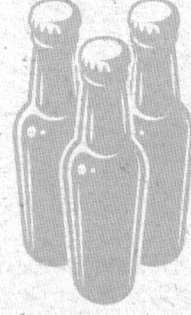

Der einzige Weg für den Heimbrauer

Doch es gibt auch für dieses Problem einen Lösungsansatz: den Hefestamm **WSL-17**, auch bekannt als *Saccharomycodes ludwigii*. Er kann von den Zuckerarten in einer Bierwürze ausschließlich Glukose, Fruktose und Saccharose vergären. So erreicht die Hefe lediglich einen **Vergärungsgrad von ca. 12 bis 15 %**. Der Alkoholgehalt des fertigen Biers liegt meist unter 0,5 %, das Bier würde also offiziell noch als alkoholfrei eingestuft werden. Durch eine Nachgärung würden aber noch knapp 0,5 % Alkohol hinzukommen. Man muss also eher von einem alkoholarmen Bier sprechen.

Leider ist dieser Hefestamm für Heimbrauer noch recht schwer zu bekommen ist. Es gibt allerdings die Möglichkeit, direkt bei der Hefebank Weihenstephan anzufragen.

Eine niedrige Stammwürze (6 bis 7 °P) muss das Ziel sein, weil das alkoholarme Bier anderenfalls doch sehr süß schmecken wird. Da dem Bier im Vergleich zu sonstigem Selbstgebrauten am Ende reichlich Körper fehlen wird, solltest du auch mit dem Hopfen haushalten. Eine Bittere von 20 IBU ist völlig ausreichend, sonst schmeckt das Bier schlussendlich unausgewogen. Die empfohlene Gärtemperatur liegt für die WSL-17 bei 15 °C.

Ohne die *Saccharomycodes ludwigii* und dafür eher auf unkonventionellem Wege hat einer meiner Brauschüler einmal versucht, ein Malzbier herzustellen. Er ging dabei recht logisch vor: Seine Bierwürze ließ er nur wenige Stunden angären und füllte den Sud dann direkt in Flaschen ab. Um die Hauptgärung zu stoppen, stellte er die Flaschen einfach allesamt in die Geschirrspülmaschine und startete ein heißes Waschprogramm. Nach kürzester Zeit war die Hefe tot und die Gefahr von Flaschenbomben gebannt. Ärgerlich war nur, dass das selbstgebraute Malzbier zu wenig Gärkohlensäure hatte, eine Nachgärung in den Flaschen war ohne lebendige Hefe aber nicht mehr möglich.

INFO   DEIN SELBSTGEBRAUTES MALZBIER

Natürlich kannst du auf diese Weise auch eine Art Malzbier erzeugen. Nimm hierfür ausschließlich das besonders malzaromatische Münchner Malz. Du kannst deine Schüttung auch noch um kleinere Mengen an Karamellmalzen oder Melanoidinmalz erweitern und dann eine Stammwürze von 10 bis 11 °P anpeilen. Weniger Hopfen ist hier von Vorteil. 5 bis 10 IBU reichen völlig aus.

GLUTENFREIES BIER BRAUEN

Immer mehr Menschen leiden an Allergien und Unverträglichkeiten. Äußerst verbreitet ist die Glutenintoleranz, die sogenannte Zöliakie, eine chronische Erkrankung des Dünndarms. Besonders ärgerlich: In Bier findet sich in der Regel auch viel Gluten.

Gerste, Weizen und Roggen beinhalten Gluten, was den Genuss von Bier für die meisten Menschen mit einer Glutenunverträglichkeit nahezu unmöglich macht. Aber müssen diese Menschen wirklich auf Bier verzichten? Nein, zum Glück nicht. Es gibt einige Brauereien, die glutenfreie Biere, oft sogar in Bioqualität, herstellen. Dabei wird in den meisten Fällen dem fertigen Bier das Gluten durch ein spezielles Verfahren entzogen. Diese Brauzeugnisse, meist Pilsner Art, schmecken kaum anders als ihre glutenhaltigen Pendants der Großbrauereien. Aber Sortenvielfalt? Leider Fehlanzeige.

Wenn auch du Freunde hast, die unter einer Glutenunverträglichkeit leiden, wirst du dich jetzt sicher fragen, ob du auf deiner Heimbrauanlage ein spannend schmeckendes, glutenfreies Bier für sie brauen kannst. Die Antwort lautet: jein. Es ist zwar möglich, aber mit enormem Aufwand verbunden.

Das Problem beginnt schon mit deinen Gerätschaften. Die sind bislang beim Brauen immer mit glutenhaltigem Getreide in Kontakt gekommen und müssten vor dem Brautag rückstandslos gereinigt werden, da schon der Verzehr von kleineren Mengen an Gluten bei Betroffenen zu Durchfall und Bauchkrämpfen führen kann.

Bei der Auswahl der Rohstoffe musst du natürlich auf die üblichen vermälzten Sorten verzichten. Allerdings gibt es auch von Natur aus **glutenfreie Getreidesorten**, die du stattdessen verwenden kannst. Dazu zählen zum Beispiel Reis, Mais, Amaranth, Hirse, Buchweizen, Quinoa oder Soja.

Sehr selten gibt es diese Zutaten aber in vermälzter Form. Es fehlen also in allererster Linie die Enzyme, die in der Mälzerei beim klassischen Gerstenkorn durch das Keimen aktiviert werden. Du musst also **technische**

Enzyme (zum Beispiel HT-Alpha-Amylase) beim Maischen hinzugeben, damit aus der im Getreide enthaltenen Stärke auch Zucker wird.

Auf ein volles Malzaroma musst du beim glutenfreien Bier ohne Gerste, Weizen oder Roggen aber verzichten. Reis, Mais und andere glutenfreie, unvermälzte Getreidesorten lassen das Bier recht blass aussehen und dünn schmecken. Wie man es dreht und wendet, ein zufriedenstellendes Ergebnis für glutenfreie Biere wirst du als Heimbrauer vermutlich nicht erreichen können.

TIPP — MEINE IDEE

Im Onlinehandel bekommst du Malzextrakte für glutenfreie Pale Ales. Wenn du anschließend noch eine Kalthopfung durchführst, kannst du sicher auch die Freunde, die an Zöliakie leiden, mit handwerklich hergestelltem Bier begeistern.

IN KÜRZESTER ZEIT ZUR TRINKREIFE

Ein Szenario, das sicher jeder Heimbrauer kennt: Ein guter Freund fragt nach Selbstgebrautem. Für ein Fest, einen Geburtstag, eine Hochzeit, ein Jubiläum. Da hilft man natürlich gerne weiter. Doch was tun, wenn die Zeit drängt?

Es ist eine wunderbare Gelegenheit, den ganzen Industriebiertrinkern mal zu zeigen, wie echtes handwerklich hergestelltes Bier schmecken kann. Doch nur selten können Außenstehende vorab richtig einschätzen, wie lange so ein Selbstgebrautes zum Reifen braucht. Und wenn besagter Freund einem dann nur einen Monat Zeit gibt, wird es reichlich knapp. Welches Bier ist wohl nach 4 Wochen schon gut trinkbar?

Zunächst solltest du dir Gedanken darüber machen, welches Bier den Gästen der Feier besonders gut schmecken könnte. Beachte, die meisten werden Bier mit Pils oder Hellem gleichsetzen und wenig anderes kennen. Ein alkoholschweres IPA oder belgisches Starkbier ist also wohl die falsche Wahl.

Ein Weizenbier kann schon die perfekte Lösung darstellen, denn durch seine auffälligen Hefearomen kaschiert es kleine Braufehler und ist in seiner recht trüben Form als Hefeweizen bei Biertrinkern akzeptiert. Ich habe allerdings die Erfahrung gemacht, dass zumindest im Westen Deutschlands nur maximal jeder fünfte Partygast überhaupt gerne mal ein Weizenbier trinkt. Wenn du also möglichst viele Partygäste mit deinem Bier erreichen und positiv überraschen möchtest, sollte ein Hefeweizen eventuell nicht deine erste Wahl sein.

Je schneller die Gärung verläuft, desto schneller ist auch das Bier fertig. Es ist also schon einmal eine prima Idee, auf obergärige Hefe zu setzen, die nicht lange braucht. Aber: Wenn die Hefe schnell vergärt, entstehen auch viele geschmacksbeeinflussende Gärnebenprodukte, die sich nur über eine lange und kalte Reifephase wieder abbauen lassen. Die Kunst ist es also, diese teils unangenehmen Aromaeindrücke zu verstecken. Am besten funktioniert das mit Hopfen.

Eine ordentliche Whirlpoolhopfung mit einer Hopfensorte, die einen hohen Aromaölanteil vorweisen kann, sollte dem Bier guttun. Noch besser wäre sicherlich eine Kalthopfung, doch diese würde nochmals Zeit kosten. Darüber hinaus ist beim Stopfen Fingerspitzengefühl gefragt. Dosiert man die Hopfenöle zu hoch, könnten die intensiven Noten die Partygäste wiederum abschrecken.

Optimal geeignet wäre ein Golden Ale mit großzügiger Whirlpoolhopfung, die dem Bier viel Aroma bringt. Ein Beispielrezept findest du in „Craft-Bier einfach selber brauen" auf Seite 102.

Wenn du selbst ein schnell trinkreifes Bier herstellen musst, dann bedenke vorab folgende Aspekte:

- Verwende **helle, nicht aromaintensive Malze** wie Pilsener oder Wiener Malz als Basis. Ein kleinerer Anteil an hellem **Weizenmalz für die Spritzigkeit** oder auch helles Karamellmalz für eine dezente Restsüße sind auch nicht verkehrt.

- Wähle eine oder mehrere **sehr aromatische Hopfensorten** aus und spare beim Whirlpool nicht am Hopfen. Südfruchtaromen passen sehr gut in ein solches „Turbobier", denn sie dürften den einen oder anderen Pils-Anhänger überraschen.

- Wähle eine **möglichst neutrale Hefe** für dein Bier aus. Die Nottingham Ale passt gut ins Bild, wenn sie denn etwas kühler vergoren wird. Außerdem ist sie in der Regel schnell durch mit ihrem Gärprogramm. Ebenfalls gut passt die Trockenhefe Brewferm TOP, mit der Biere auch nicht lange reifen müssen, bis sie gut trinkbar sind. Mehr Informationen über unterschiedliche Hefesorten habe ich ab Seite 71 zusammengefasst.

Nach der Nachgärung solltest du auf jeden Fall in deinem Kühlschrank Platz für die Flaschen schaffen. Die kühle Reifung trägt zu einem besseren Geschmack und einer schnelleren Klärung bei. Wenn alles gut geht, sollte dein Turbobier dann nach 3 bis 4 Wochen süffig, erfrischend und partytauglich sein.

DEKOKTION

Wie wurde eigentlich Bier gebraut, als es noch kein Thermometer gab? Wie haben es unsere Vorfahren im Mittelalter hinbekommen, dass ein Bier jedes Mal gleich gut – oder zumindest ähnlich gut – schmeckte? Des Rätsels Lösung lautet: Dekoktion.

Bier gibt es schon eine halbe Ewigkeit. Schon in der Steinzeit erfreuten sich unsere Vorfahren an – vermutlich zufällig – vergorenem Getreidebrei. Die Sumerer tranken ca. 4000 v. Chr. ein bierähnliches Getränk aus Wasser und Brot, das ebenfalls erst eine Gärung durchlaufen musste, bevor es richtig spaßig wurde.

In unseren Breitengraden fanden die Germanen ab 1000 v. Chr. zu vergorenem Brottrunk. Und auch unter den Römern, die eigentlich für ihre Weinvorliebe bekannt waren, fanden sich mit der Zeit begeisterte Biertrinker. Sie bauten Brauereien und brauten darin als erstes Volk überhaupt mit vermälztem Getreide.

Auch im Mittelalter wurde in unseren Regionen wohlschmeckendes Bier gebraut. Aber wusstest du, dass das Thermometer und auch die Uhr erst zum Ende des 16. Jahrhunderts von Galileo Galilei erfunden wurden? Und erst mit der Industrialisierung, Mitte des 19. Jahrhunderts, konnte man davon ausgehen, dass auch alle wichtigen Brauereien mit einem Temperaturmessgerät ausgestattet waren.

Da stellt sich die Frage: Wie haben es die Brauer eigentlich vor dieser Zeit ohne diese wertvollen Werkzeuge hinbekommen, ein Bier, das den Leuten schmeckte, zu reproduzieren?

Der Schlüssel zum Erfolg war das **Kochmaischverfahren**, auch **Dekoktion** genannt. Im Gegensatz zur Temperatur konnte man das Volumen damals einfacher messen. Wenn man davon ausgeht, dass kochende Maische eine Temperatur von 100 °C hat, kann durch ein entsprechendes Mischverhältnis mit kalter Maische auch ohne Thermometer die gewünschte Temperatur erreicht werden. In den Rezepten für die Nachwelt waren also in erster Linie Mengenangaben vermerkt.

Und noch einen Sinn hatte das Erhitzen der Teilmaische: Die im Malz enthaltenen Enzyme wurden durch die hohe Temperatur zwar inaktiv, dafür war die **Stärke** nun aber **besser löslich**. Die notwendigen Enzyme, die für die Verzuckerung sorgten, waren im Bottich durch die kühle Maische noch in ausreichender Menge vorhanden. Das Aufheizen einer Teilmaische wurde pro Brauvorgang üblicherweise dreimal wiederholt, daher auch die alternative Bezeichnung **Dreimaischverfahren**.

Heute gibt es nicht mehr viele Brauereien, die diesen arbeits-, energie- und zeitintensiven Produktionsweg mit der Kochmaische wählen. Lediglich in Süddeutschland finden sich noch einige kleinere Brauereien und private Brauhäuser, deren Biere nach der traditionellen Art und Weise hergestellt werden. Man erkennt diese Brauerzeugnisse an ihrer **ausgeprägten Vollmundigkeit und den besonders malzigen Aromen**. Oft werben die Brauereien aber auch auf ihren Flaschenetiketten mit der klassischen Methode.

In den meisten Brauereien Europas, vor allem natürlich in den Großbrauereien, wird Bier heutzutage jedoch mit dem Infusionsverfahren, also durch Aufheizen auf mehrere Raststufen hergestellt. Und es gibt nicht wenige Fachleute, die behaupten, man könne durch die Zugabe von Karamellmalzen und Melaniodinmalz auch jedes klassische Dekoktionsbier mit dem Infusionsverfahren nachbrauen.

INFO   DEKOKTION FÜR HEIMBRAUER

Du möchtest selbst einmal ein Bier nach dem traditionellen Dekoktionsverfahren brauen? Kein Problem. Im Netz findest du einige Rezepte und detaillierte Anleitungen. Bedenke aber, dass du neben deinem Einkocher noch einen weiteren möglichst wärmespeichernden Maischebottich benötigst. Der Gär- und Braueimer ist dafür eher ungeeignet. Besser ist ein kleinerer Thermoport (35 Liter), der eigens zum Warmhalten von Flüssigkeiten konzipiert wurde und mit 60 bis 75 Euro zu Buche schlägt.

DIE RASTEN BEIM INFUSIONSVERFAHREN

Die von mir an Brauanfänger empfohlene Kombirast, die auch als einstufiges Infusionsverfahren bezeichnet wird, stellt den idealen Einstieg ins Maischebrauen dar. Du musst nur eine einzige Temperaturstufe ansteuern, den Rest erledigen die Enzyme.

Dieses Maischverfahren ist für dich sicher nichts Neues mehr. Im Temperaturbereich von 65 bis 68 °C wirken die Alpha-Amylase und Beta-Amylase gleichzeitig und sorgen so dafür, dass aus der im Malzkorn enthaltenen Stärke unterschiedliche Arten von Zucker werden. Das erspart dir zwar Aufwand und Zeit, ist aber auch ein Glücksspiel. Manchmal schmeckt das fertige Bier ein wenig zu spritzig, das andere Mal ist es zu süß.

Eine bessere Kontrolle über die Verzuckerung erlangst du, wenn du dich für das Maischen mit mehreren Temperaturstufen entscheidest. Ausschlaggebend dafür kann zum Beispiel sein, dass du ein besonders alkoholstarkes oder ein auffällig vollmundiges Bier brauen möchtest. Dann solltest du von der Kombirast absehen und lieber zwei Rasten, die Maltose- und die Verzuckerungsrast durchführen.

Die **Maltoserast** findet in der Regel im Temperaturbereich von 62 bis 64 °C statt und ist die wohl wichtigste und längste Rast im Maischprozess. Hier entstehen dank der Beta-Amylase in erster Linie die vergärbaren Zucker, vorrangig die namensgebende Maltose. Dabei handelt es sich um Malzzucker, den die Hefe später zu Alkohol und CO_2 verstoffwechseln kann. Doch damit nicht genug. Auch Maltotriose, Glukose, Saccharose und sogar Fruktose werden in dieser Phase von den Enzymen produziert: allesamt Zuckerarten, die ebenfalls vergärbar sind. Je länger die Maltoserast andauert, desto mehr vergärbarer Zucker entsteht oder – mit anderen Worten – desto stärker wird am Ende dein Bier.

Bei der **Verzuckerungsrast**, die sich im optimalen Temperaturbereich von 71 bis 73 °C abspielt, wirkt hingegen vorrangig die Alpha-Amylase. Diese baut die Stärke aus dem Malz zu sogenannten Dextrinen, also den unvergärbaren Zuckerarten, ab. Eine längere Verzuckerungsrast sorgt für vollmundige, restsüße Biere.

Nach gut 60 bis 70 Minuten Maischprozess ist aber kaum noch Stärke im Malz vorhanden. Das solltest du vorab bedenken, wenn du deine Zeiten für die beiden Rasten planst. Für ein schlankes, stärkeres Bier kann die Maltoserast meines Erachtens 45 bis 50 Minuten andauern, dann blieben noch 10 bis 15 Minuten für die Verzuckerungsrast, wenngleich zu bedenken ist, dass die Enzyme während des Aufheizens von 63 auf 72 °C natürlich weiterarbeiten. Die Jodprobe sagt dir, wann es Zeit zum Abmaischen ist.

Für das vollmundigere und süßere Bier darf die Verzuckerung auch 25 Minuten Zeit in Anspruch nehmen. Dann solltest du die Dauer für die Maltoserast entsprechend herabsetzen.

Neben diesen beiden wichtigen Rasten im Maischprozess gibt es noch ein paar weitere gängige Temperaturstufen, die sich zwar positiv auf das fertige Bier auswirken können, aber nicht essenziell für dein Brauvorhaben sind.

Weitere Raststufen für das perfekte Bier

Die **Glukanaserast**, auch **Gummirast** genannt, spielt beim Brauen mit Roggen eine wichtige Rolle. Glukane, die in Roggen in hohem Maße vorhanden sind, geben der Würze eine gummiartige, sehr zähflüssige Konsistenz. Durch die Gummirast – bei ungefähr 38 °C für 15 Minuten – werden diese Klebeeiweiße allerdings abgebaut, sodass der Läutervorgang wesentlich einfacher vonstattengehen kann.

Wenn du den Geschmack von Nelke besonders magst, solltest du bei deinem nächsten Weißbier einmal die **Ferularast** oder **Weizenrast** – bei ungefähr 45 °C für 15 Minuten – ausprobieren. In dieser Temperaturstufe wird die im Malz enthaltene Ferulasäure freigesetzt, aus der später die obergärige Hefe bei der Gärung 4-Vinylguajacol herstellt. Dieser Stoff bringt das Aroma von Gewürznelken in dein Bier.

Proteasen nennt man die Enzyme, die während der **Eiweißrast** – bei 52 bis 55 °C – einen Großteil der in der Braugerste enthaltenen langkettigen Eiweiße zu kurzkettigen aufspalten. Dabei entstehen bestimmte Aminosäuren, die einen hervorragenden Nährstoff für die Hefe darstellen. Langkettige Proteine fördern aber auch die **Schaumstabilität**, sodass sie nicht komplett abgebaut werden sollten. Die optimale Zeitspanne für diese Rast liegt daher zwischen 5 und 15 Minuten, nicht länger.

Doch heutzutage ist die Eiweißrast kaum noch notwendig, denn die meisten Malzsorten aus größeren Betrieben weisen schon einen niedrigen Eiweißgehalt auf. Die Proteasen wirken bereits bei der Verarbeitung in der Mälzerei, was eine zusätzliche Eiweißrast eigentlich überflüssig macht.

DER SCHLÜSSEL ZUR SCHÖNEN SCHAUMKRONE

Eine Vielzahl von Heimbrauern sucht schon seit Jahrzehnten nach dem Schlüssel zum perfekten Schaum. Gefunden haben ihn bislang nur die wenigsten.

Für diejenigen, denen die Optik ihres Selbstgebrauten sehr am Herzen liegt, habe ich ein paar Tipps für eine feste Schaumkrone zusammengefasst:

Die im letzten Unterkapitel thematisierte Eiweißrast solltest du eher außer Acht lassen, wenn dir Bierschaum so wichtig ist. Da langkettige Proteine gut für die Schaumstabilität sind, ist eine lange Eiweißrast absolut kontraproduktiv. Also verzichte besser auf diese Rast.

Guter Bierschaum basiert auf **Eiweiß und Kohlensäure**. Die Formel ist im Grunde sehr einfach: 11 % Eiweißgehalt sollte das verwendete Braumalz mitbringen und das fertige Bier muss zudem ausreichend karbonisiert, also mit Kohlensäure versetzt sein. Dann schäumt es großartig.

Wichtig ist aber auch, dass dein Glas richtig gespült ist. **Kleinste Verschmutzungen** können die Schaumstabilität nach dem Einschenken schon stark beeinflussen. Minimalste Rückstände von Lippenpflegestiften zum Beispiel bringen den Schaum schnell zum Einfallen. Wenn dein Glas frisch mit Spülmittel gespült ist, solltest du es auch direkt noch einmal mit klarem Wasser nachspülen.

Fett und Schaum verstehen sich einfach nicht gut. Wer Zutaten wie Avocado oder ausgelassenen Speck in sein Bier gibt, muss sich über ein schaumarmes Bier nicht wundern. Glaube mir, so Paradiesvögel gibt es in unserer kreativen Szene tatsächlich.

Die schönste und kompakteste Schaumkrone ziert dein Bier, wenn du beim Maischen ein paar hundert Gramm **Haferflocken** hinzugegeben hast. Das Haferkorn ist eine sehr gute Proteinquelle, denn es besteht zu 13,5 % aus Eiweiß. Der Fettgehalt der Haferflocken ist zwar nicht gering, kann aber bei einer Verwendung von 250 Gramm für 20 Liter Bierwürze vernachlässigt werden.

Wenn dein Bier übrigens zu alkoholstark ist, wird das mit dem festen Schaum vermutlich auch nichts. Schwere, ölig anmutende Imperial Stouts entwickeln weniger Schaum als leichte, spritzige Biere. Dass dieses eine berühmte irische Stout übrigens eine so stabile Schaumkrone besitzt, liegt zum einen daran, dass es nur etwas mehr

als 4 % Alkohol hat und zudem mit **Stickstoff** gezapft wird. Im Gegensatz zur Kohlensäure löst sich Stickstoff nicht so gut im Bier. Das hat zur Folge, dass sich der Schaum langsamer aufbaut, cremiger aussieht und auch noch weitaus länger hält als bei Bieren, die mit Kohlensäure aufkarbonisiert werden.

DER PERFEKTE TRUBKEGEL

In meinen Anfangstagen als Heimbrauer war ich mir nie sicher, wie schnell ich den Whirlpool anrühren musste. Heute weiß ich, dass ich zügig rühren, aber es auch nicht übertreiben muss, um einen halbwegs kompakten Trubkegel zu bekommen.

Der Trubkegel soll bekanntlich dafür sorgen, dass möglichst viele Schwebstoffe vor dem Umschlauchen der Würze in dem Gärbottich im Topf zurückbleiben. Perfekt wird er mit meinen Tipps: Halte vor dem Anrühren des Whirlpools eine kurze **Konvektionsrast** von ungefähr 5 bis 10 Minuten ein. Unmittelbar nach dem Kochen ist immer noch reichlich Bewegung im Topf. Man spricht hier von Konvektionsströmen. Eiweißrückstände und Hopfenbestandteile schwimmen noch wild im Einkocher umher. Für einen kompakten Trubkegel solltest du mit dem Whirlpool also noch eine paar Minuten warten, bis Ruhe im Topf eingekehrt ist.

Wichtig ist auch, dass du die Würze erst ablaufen lässt, wenn die Strudelbewegung gänzlich zum Erliegen gekommen ist. Anschließend solltest du den Hahn auch nicht komplett aufdrehen, da sonst die Stabilität des Trubkegels darunter leiden könnte.

Mit etwas Geduld und ein wenig Trickserei bleibt der Trubkegel also intakt und die Schwebstoffe bleiben im Topf zurück. Mittlerweile benötige ich nicht einmal mehr einen Filter zum Abseihen. Es lohnt sich also, beim Whirlpool ein wenig mehr Einsatz zu zeigen.

TIPP — DER TORTENRING-TRICK

Und dann gibt es noch den sehr nützlichen Trick mit einem Tortenring, den ich kurz vor Ende in den Topf lege und der dafür sorgt, dass der Trubkegel zum Schluss nicht auseinanderfällt. Leider ist das nicht meine eigene Idee, dafür aber eine ganz besonders clevere, die ich im Hobbybrauerforum aufgeschnappt habe.

ABSCHÖPFEN DER HOPFENHARZE

Einige mittelständische Brauereien werben damit, viele studierte Brauer schwören darauf und behaupten, es würde den Geschmack des Bieres verbessern. Die Rede ist vom Abschöpfen der Hopfenharze während der Gärung. Aber ist das wirklich nötig?

Als **Kräusen** (oder Hochkräusen) bezeichnet man die schaumige Oberfläche im Gärbottich, die entsteht, sobald die obergärige Hefe ihr aktivstes Stadium erreicht hat. Oft sind auf diesen Kräusen grün-bräunliche Stelle zu erkennen: die sogenannten Hopfenharze. Ihre Rückstände kann man nach der Gärung einfach mit einem Schwamm und heißem Wasser wegwischen.

Einen geschmacklichen Vorteil bringt hingegen die Beseitigung der Hopfenharze schon während des Gärvorgangs. Mit einem kleinen Sieb oder Schöpflöffel können sie problemlos entfernt werden. Lässt man die **Hopfenharze** unangetastet, kann dies zu einer disharmonischen, kratzigen Bittere im Bier führen.

Es ist also einen Versuch wert, ob dein Bier durch das Abschöpfen der Hopfenharze besser schmeckt. Wer dabei aber unvorsichtig vorgeht und sein Sieb oder seinen Schöpflöffel vorher nicht abgekocht hat, riskiert zusätzlich eine Infektion.

In größeren Brauereien, deren Biere um jeden Preis fehlerfrei sein müssen, ist das Entfernen der bitteren Hopfenharze nahezu obligatorisch. Im Heimbraubereich macht es insbesondere bei stark gehopften Bieren meines Erachtens geschmacklich keinen großen Unterschied. Bei leichten, weniger hopfigen Bieren, wie zum Beispiel selbstgebrauten Weißbieren, ist das Abschöpfen von Hopfenharzen aber durchaus eine Option.

Das Abschöpfen ist aber **keineswegs ein Muss**. Es geht auch gut ohne. Ein Großteil der Hopfenharze bleibt entweder im Bottichinneren kleben oder sinkt mit der Hefe am Ende der Gärung zu Boden und sollte somit nicht in der Flasche landen.

GRÜNSCHLAUCHEN

Wer grünschlaucht, der füllt unreifes Bier ab, mit anderen Worten: noch vergärbaren Restextrakt. Ziel dieses Vorgangs ist es, die klassische Flaschengärung mit Zucker oder Speise zu umgehen.

Durch das verfrühte Abfüllen endet die Hauptgärung nicht im Gärbottich, sondern in der verschlossenen Flasche oder im Fass. Die Kohlensäure, die zum Ende der Gärung noch entsteht, verbleibt so gelöst im Jungbier und kann nicht entweichen.

Vorweg sei gesagt, dass Grünschlauchen bei obergärigen Bieren schier unmöglich ist, da die Gärung bei Zimmertemperatur viel zu schnell verläuft und der richtige Zeitpunkt zum Abfüllen nur sehr schwer bestimmt werden kann. Lediglich **für untergärige Biere**, die langsamer vergären, stellt das Grünschlauchen eine sinnvolle Option dar.

Mithilfe einer **Schnellvergärungsprobe (SVP)** kannst du frühzeitig herausfinden, welchen Restextraktgehalt dein Jungbier am Ende der Hauptgärung haben wird. Man spricht hierbei auch vom Endvergärungsgrad (EVG) eines Bieres. Um diesen zu ermitteln, nimmst du aus der bereits gärenden Bierwürze mit einem abgekochten Schöpflöffel eine Probe, die du in ein ebenfalls vorab desinfiziertes Gefäß gibst. Dieses deckst du mit Frischhaltefolie ab und lässt es in Heizungsnähe vergären. Nach 2 bis 3 Tagen sollte die Gärung durch sein. Wenn du nun spindelst, erfährst du den Endvergärungsgrad und kannst berechnen, ab welchem Zuckergehalt der Moment für das Grünschlauchen gekommen ist.

Nach dem Schlauchen solltest du mithilfe des **Flaschenmanometers** (siehe auch Seite 45) **den Druck auf deiner Testflasche immer im Auge behalten**. Die Gefahr, dass auf den Flaschen trotz allem am Ende zu viel Druck ist und sie dir reihenweise platzen, ist dennoch gegeben. Das Grünschlauen ist etwas für erfahrene Brauer und sollte vorrangig beim Abfüllen in Fässer und mit einem einstellbaren Überdruckventil angewendet werden.

SPEISE ODER ZUCKER?

Neben Haushalts- oder Traubenzucker kann zum Aufkarbonisieren des Jungbiers auch Speise verwendet werden. Unter Speise versteht man einen Teil der noch unvergorenen Würze.

Puristen verzichten gerne auf die Zugabe von industriell hergestelltem Zucker und setzen auf diese Lösung. Doch bei der Verwendung von Speise musst du besonders sorgfältig vorgehen. Für die Aufbewahrung der Speise solltest du ein steriles Gefäß verwenden. Sobald sich wilde Hefen oder Bakterien dort einnisten, ist sie zum Karbonisieren wertlos. Du kannst die Speise für die Zeit vom Brautag bis zum Abfülltag auch sicherheitshalber einfach einfrieren. **10 bis 15 % von der Ausgangswürze** sollten für das spätere Karbonisieren ausreichen.

Wenn es dann ans Abfüllen geht, musst du zunächst errechnen, wie viel Speise für die gewünschte Menge Kohlensäure im Bier nun wirklich gebraucht wird. Im Netz findest du mithilfe von Suchmaschinen recht schnell verlässliche Rechentools. Wenn du es ganz genau nehmen möchtest, karbonisierst du deine Biere nicht einheitlich (wie mit der Dosierhilfe), sondern sortentypisch.

Während die meisten Lagerbiere und auch die hopfenaromatischen Ales aus den USA mit 4 bis 5,5 Gramm CO_2 pro Liter moderat kohlensäurehaltig sind, karbonisiert man Weizenbiere gerne mit spritzigen 6 bis 9 Gramm CO_2 pro Liter. Klassische britische Ales kommen oft mit recht wenig Kohlensäure (3 bis 4 Gramm CO_2 pro Liter) aus, ähnlich ist es bei Porter- und Stout-Bieren (3,5 bis 4,5 Gramm CO_2 pro Liter). Belgische Ales wie Dubbel oder Tripel wiederum sind im Vergleich zu den britischen Ale-Erzeugnissen stets kohlensäurehaltiger (3,8 bis 4,8 Gramm CO_2 pro Liter).

Vor dem Abfüllen musst du genau darauf achten, dass sich die Speise gut im Jungbier verteilt. Am besten schlauchst du das endvergorene Bier erst in einen weiteren Bottich um, in den du die Speise vorgelegt hast. Vorsichtiges Umrühren schadet auch nicht, damit sich beide Flüssigkeiten gut vermischen und alle Flaschen am Ende die gleiche Menge an Speise beinhalten. Allerdings solltest du es mit dem Rühren nicht übertreiben, weil du so natürlich auch einen Teil der bereits im Jungbier gebundenen Kohlensäure wieder herausrühren würdest.

Das Aufkarbonisieren mit der von mir in „Craft-Bier einfach selber brauen" empfohlenen **Dosierhilfe und Haushaltszucker** ist natürlich einfacher. Allerdings kann es dabei schon passieren, dass schlussendlich nicht alle Flaschen dieselbe Menge an Kohlensäure beinhalten, weil sie nicht mit der exakt selben Menge an Zucker befüllt wurden.

Wenn du auf einen einheitlichen Kohlensäuregehalt aller Flaschen Wert legst, kannst du es durchaus einmal mit Speise versuchen. Ebenso kannst du eine Zuckerlösung herstellen und diese wie Speise verwenden. Eine etwas kostspieligere Variante ist das Aufkarbonisieren mit **Karbonisierungsdrops**. Diese bestehen aus Traubenzucker und ermöglichen im Vergleich zur Methode mit der Dosierhilfe eine gleichmäßige Karbonisierung aller Flaschen.

UNFILTRIERT UND TROTZDEM KLAR

Wer Geduld mitbringt, seine Flaschen in der Reifephase möglichst aufrecht lagert und unberührt lässt, wird zum Dank nach 6 bis 8 Wochen mit einem äußerst klaren Bier belohnt. Wichtig ist, dass die verwendete Hefe gut sedimentiert.

Schneller geht es mit **Irish Moss**, einem Algengewächs, das im Brauprozess 10 Minuten vor Kochende in den Topf gegeben wird. Eine Messerspitze reicht für 20 Liter Würze bereits aus. Irish Moss fördert das Absetzen des Eiweißes bereits während der Gärung und sorgt so dafür, dass das Bier anschließend herrlich klar wird.

Eine weitere Option für ein möglichst klares Bier nennt sich „**Cold Crash**" und kommt aus den USA. Dabei wird der Gärbottich nach der Hauptgärung für mindestens 24 Stunden auf eine Temperatur nahe 0 °C heruntergekühlt. In dieser Zeit setzt sich aufgrund der niedrigen Temperaturen ein Großteil der Trubstoffe am Boden des Gärbottichs ab, was auch zur Klärung des Bieres beiträgt. Im Winter kannst du bei moderater Kälte einen „Cold Crash" auch gut auf dem Balkon oder der Terrasse durchführen.

Für ein klares Bier empfiehlt es sich immer, vor dem Abfüllen noch einmal umzuschlauchen, also das Jungbier in einen zweiten Behälter umzuleiten und so vom Hefesatz im Gärbottich zu trennen. Sehr nützlich ist dabei ein **Bierheber** (ca. 17 Euro), der mittels zwei bis drei Pumpbewegungen das Jungbier im Gäreimer ansaugt, sodass es anschließend selbstständig über einen Schlauch vom einen in den anderen Behälter läuft. Ein einfaches Ansaugen mit dem Mund wäre hier natürlich die günstigere, wenngleich auch unhygienischere Option.

BARRELAGING – HOLZFASSAROMEN FÜR DEIN HEIMGEBRAUTES

Holzfässer sind in unseren Zeiten eher für die Reifung von Wein und Destillaten gedacht, doch auch in der Bierszene wird sogenanntes Barrelaging immer populärer.

Kreativbrauer kaufen für stattliche Summen Eichenholzfässer, die zuvor mit Rotwein, Whisky, Rum oder anderen hochprozentigen Alkoholika belegt waren und befüllen diese mit ihrem Bier, meist Stouts oder IPAs. Die Aromen aus der Vorbelegung gehen mit zunehmender Reifezeit in das Bier über und erweitern das Brauerzeugnis um einige völlig neue Geschmacksnoten. Und auch der Alkoholgehalt des Bieres steigert sich noch einmal – je nach Vorbelegung.

Günstig ist dieser Spaß nicht. Ein gebrauchtes Holzfass mit einer Bourbon-Whisky-Vorbelegung und einem Fassungsvermögen von 38 Litern ist erst ab 350 Euro zu haben. Für dein Craftbier gibt es aber noch eine preiswerte Lösung, die auch im Bereich der Weinherstellung Verwendung findet.

Mithilfe von **Eichenholzfasschips**, unterschiedlich dunkel getoastet, oder von einer **Infusionsspirale** aus beispielsweise amerikanischer Weißeiche, kannst du dein Bier auch mit einem Holzfassaroma aufwerten. Um auch einen Hauch von Vorbelegungsaromen für das eigene Bier zu gewinnen, musst du etwas tricksen. Wenn du dir zum Beispiel ein Whiskyaroma für dein Bier wünschst, dann suche dir einfach einen wertigen Scotch oder Bourbon aus und weiche die Holzfasschips für einige Tage darin ein. Danach läuft es wie bei der Kalthopfung. Die Chips müssen für eine Weile im Jungbier schwimmen, um ihre Whisky- und Eichenholzaromen abgeben zu können.

Wieder einmal stellt sich hier die Frage der korrekten Dosierung und Dauer. Und wieder einmal geht Probieren über Studieren. Manchmal findet man eine Richtdosierung vom Hersteller auf der Verpackung, an der man sich orientieren kann. Am Ende entscheidet aber wieder nur dein persönlicher Geschmack. Lohnenswert ist es, einen Sud zu teilen und mehrere Dosierungen gleichzeitig auszuprobieren.

Bei meinen bisherigen Versuchen habe ich ausschließlich malz- und röstaromatische und bereits alkoholstärkere Biere, zum Beispiel Porter oder Stouts im Bereich von 6 bis 9 % Alkohol, für 2 Wochen mit 20 Gramm Holzfasschips „gestopft". Die Chips lagen vorab für 7 Tage in einem weichen Scotch, dessen Aromen von Honig und Vanille sich durchaus gut ins Bier eingebunden hatten. Auch das Holzfass war gut zu erschmecken. Je höher der Alkoholgehalt des Ausgangsbieres war, desto angenehmer empfand ich die Barrelaging-Aromen. Probier's doch mal selbst.

WIE DU BIER LAGERN SOLLTEST

Bier versteht sich oft als Frischeprodukt. Die beliebtesten Sorten in Deutschland, Pils, Helles oder Weizen, sollten möglichst frisch getrunken und nicht lange gelagert werden. Denn über die Zeit bauen sich die Aromen ab.

Leider ist es mittlerweile gang und gäbe, dass industrielle Brauerzeugnisse eine Mindesthaltbarkeit von einem Jahr und mehr aufweisen. Das ist ein klares Zeichen dafür, dass die gekauften Biere filtriert und pasteurisiert sind. Das Ergebnis ist ein wenig aromatisches Endprodukt, das der Standardbiertrinker aber mittlerweile einfach in dieser Form gewohnt ist.

Wir Heim- und Hobbybrauer hingegen genießen die Geschmacksvielfalt unserer selbstgebrauten Craftbiere und möchten deren besondere Aromatik möglichst lange bewahren. Doch wie stellen wir das am besten an?

Der wichtigste Schlüssel zum Erhalt von Aroma ist die korrekte Lagerung. **Kühl und dunkel** sollte es sein. Kühl bedeutet: so kühl wie möglich. Wenn du einen leeren Kühlschrank hast, nutze ihn. Wenn du mit einem kühlen Keller vorliebnehmen musst,

wirst du allerdings auch noch lange Spaß am Selbstgebrauten haben. Das ist immer noch besser, als die Flaschen einfach nur in der Vorratskammer aufzubewahren und

bei Bedarf mal ein Fläschchen in den Kühlschrank zu legen.

Dunkel sollte dein Lagerraum zudem sein, vor allem dann, wenn du nicht in braune, ausreichend lichtabsorbierende Flaschen abgefüllt hast. Denn der Hopfen im Bier ist immens lichtempfindlich. Zu viel Licht führt zum **Lichtgeschmack**, der dem Bier ein **ranziges, muffiges Aroma** gibt. Solch ein Stinktier aus der Flasche wünscht sich wirklich kein Heimbrauer.

Geschmackliche Veränderungen mit der Zeit

Grundsätzlich nehmen die Bittere und das Hopfenaroma eines Bieres mit der Zeit ab. Mit der fortschreitenden Oxidation entstehen aber auch neue, nicht sonderlich wünschenswerte Noten im Bier.

Du wirst dich jetzt sicher fragen: **Oxidation**, ist das überhaupt möglich? Die Flaschen sind doch allesamt gut verschlossen. Leider aber nicht gut genug. Der Bügelverschluss ist nicht sonderlich dicht, und auch der Kronkorken lässt mit der Zeit einen geringen Sauerstoffeintrag zu. Sowieso befindet sich im Flaschenhals nach dem Abfüllen schon eine gewisse Menge an Sauerstoff. Das reicht bereits aus, um das Bier geschmacklich teils stark zu beeinflussen. Man müsste das Bier schon in Fässern lagern, um der Oxidation ein Schnippchen schlagen zu können.

Leicht oxidierte Biere entwickeln oft ein Aroma, das an den Geruch von Blättern und Stilen der **Schwarzen Johannisbeere** erinnert. Je nachdem, wie sensibel deine Rezeptoren in der Nase ausgebildet sind, kann der Duft dich auch an **Katzenurin** erinnern. In einem frühen Stadium der Alterung ist es auch nicht unüblich, dass dein Bier einen Geruch von **feuchtem Pappkarton** entwickelt. Vor allem bei untergärigen

Brauerzeugnissen tritt diese Aromatik oft in Kombination mit metallischen Noten auf.

Ältere Biere entwickeln oft eine **kratzige Bittere**, die nach noch längerer Zeit der Lagerung aber fast komplett zerfällt. Aromen, die an **Brot oder Honig** erinnern, kommen außerdem in dieser Phase häufig zum Tragen. Bei besonders alten, vor allem obergärigen Bieren sind es die oft so erwünschten Noten von **Sherry**, die die Oxidation mit sich bringt. Dieses Phänomen kann geschmacklich insbesondere bei alkoholstarken dunklen Bieren äußerst spannend sein.

Überlagere ruhig mal zu Testzwecken ein Bier mit 8 % Alkohol oder mehr. Du wirst erschmecken können, dass sich dein Selbstgebrautes nicht unbedingt zum Negativen verändert hat. Diese Geschmacksexplosion erlebst du natürlich auch mit gekauften Brauerzeugnissen in Bockbierstärke.

Überhaupt sind **Starkbiere verhältnismäßig aromastabil**, abgesehen von India Pale Ales, deren hopfig-fruchtiges Aroma recht schnell verschwindet, wenn es zu lange gelagert wird. Bei dunklen bis schwarzen Starkbieren, die eher malzaromatisch daherkommen, sind durch Alterung häufig auch Karamell- oder Lakritzaromen zu erkennen.

Auch vor **Autolyse** ist der Heimbrauer nicht gefeit. Durch die Nachgärung wirst du immer ein Hefesediment in der Flasche haben und somit Gefahr laufen, dass die Hefezellen bei zu langer Lagerung autolysieren, also absterben. Das führt zu **salzigen Aromen**, die am ehesten an Sojasoße oder Glutamat erinnern. In hellen Bieren ist dieser Aromaeindruck alles andere als erstrebenswert. Bei dunklen Bieren kann ein leicht salziger Geschmack auch einen Mehrwert haben. Ärgerlich ist, dass du die Autolyse niemals verhindern, aber immerhin hinauszögern kannst, wenn du dich penibel an die beiden wichtigen Regeln bei der Lagerung hältst: Kühle dein Bier gut und lass es nie in der Sonne stehen.

BRAU- UND BIERFEHLER

Neben Alterungserscheinungen kann ein selbstgebrautes Bier auch geschmackliche Fehler aufweisen, die im Verlauf des Brau- und Gärprozesses versehentlich entstanden sind. Der Profi nennt diese auch „Off-Flavour".

Der Grund für den Duft von **Dosenmais** bei einem hellen Selbstgebrauten, ist **Dimethylsulfid (DMS)**: Es gelangt vorrangig durch helle Malze in die Würze, verdunstet aber beim Kochen in der Regel wieder. Wenn du die gesamte Kochzeit den Deckel nur halb auflegst, musst du dir um DMS-Aromen keine Sorgen machen.

Nach **Butter** duften Biere, die einen hohen Anteil an **Diacetyl** aufweisen. Im böhmischen Pils ist dieses Aroma sogar erwünscht, bei anderen Brauerzeugnissen wird es hingegen als störend empfunden. Diacetyl baut sich aber schon nach kurzer Zeit bei Zimmertemperatur ab.

Wenn das Bier nach **Marzipan** riecht, dann liegt das an **Benzaldehyd** im Bier. Es ist ein Zeichen für zu warme Gärung und kann auch durch hohen Sauerstoffeintrag ins Bier gelangen. Leider baut sich dieses Aroma nicht durch lange Lagerung ab.

Anders ist das bei **Acetaldehyd**. Wenn dein Selbstgebrautes nach **unreifem, grünem Apfel** riecht, dann sollte es einfach ein paar Wochen länger reifen.

Ein **phenolisches Aroma** ist auch eher selten erwünscht. Wenn es chlorphenolisch, also medizinisch riecht, kann es durchaus an Reinigungsmittelrückständen liegen. Es ist aber auch möglich, dass wilde Hefen oder andere Bakterien in dein Gärfass gelangen konnten und dein Bier sich so eine Infektion eingefangen hat. In den meisten Fällen ist dieses Off-Flavour so unangenehm, dass das Bier entsorgt werden muss.

Eine leicht phenolische Note, die an **Gewürznelken** erinnert, findet sich auch in den meisten Weizenbieren wieder. Hier ist dieses Aroma aber gewollt und kann durch die **Ferularast** noch intensiviert werden.

Brauprozess

GUSHING

Ein seltsames Phänomen, das immer noch nicht ganz aufgeklärt ist, nennt sich „Gushing". Gemeint ist das spontane und unkontrollierbare Überschäumen von Bier nach dem Flaschenöffnen.

Wenn das Selbstgebraute schneller aus der Flasche strömt, als man es in ein Glas einschenken kann, dann gibt es eine riesige Sauerei, auf die man gerne verzichten könnte. Dass die schnell entbundene Kohlensäure zum Überschäumen führt, ist logisch. Doch was ist der Auslöser dafür? Die Wissenschaftler sind sich diesbezüglich uneinig.

Ein Grund kann sicherlich eine **zu hohe Karbonisierung** sein, die durch eine zu früh gestartete Nachgärung entstehen kann. Wenn die Hauptgärung noch nicht beendet ist und du dein Bier zu früh abfüllst, dann bastelst du dir im schlimmsten Fall Flaschenbomben, in einem besseren Fall hast du hinterher nur ein Gushing-Problem.

Wenn sowieso schon zu viel Kohlensäure im Bier gelöst ist, das Brauerzeugnis nicht ausreichend heruntergekühlt und die Flasche vielleicht auch noch geschüttelt wurde, dann solltest du das Flaschenöffnen besser über dem Spülbecken oder einem Eimer durchführen.

Es gibt aber auch Gründe, die mit den Rohstoffen des Bieres zusammenhängen. Tatsächlich vermuten Forscher, dass das Gushing-Verhalten mit den jahrgangsbedingten **Qualitätsschwankungen bei den Braugetreiden** zusammenhängt. Auch Früchte im Bier können für ein spontanes Überschäumen sorgen. Sogar die Qualität des Brauwassers spielt hierbei angeblich eine Rolle.

Und selbst die Beschaffenheit der verwendeten Flasche kann einen Einfluss auf ein mögliches Gushing haben. Kleine **Unebenheiten im Glas** können dazu führen, dass die Kohlensäure zu schnell entbunden wird.

Bis wir wirklich wissen, woran es liegt, können wir lediglich beim Flaschenöffnen besondere Vorsicht walten lassen.

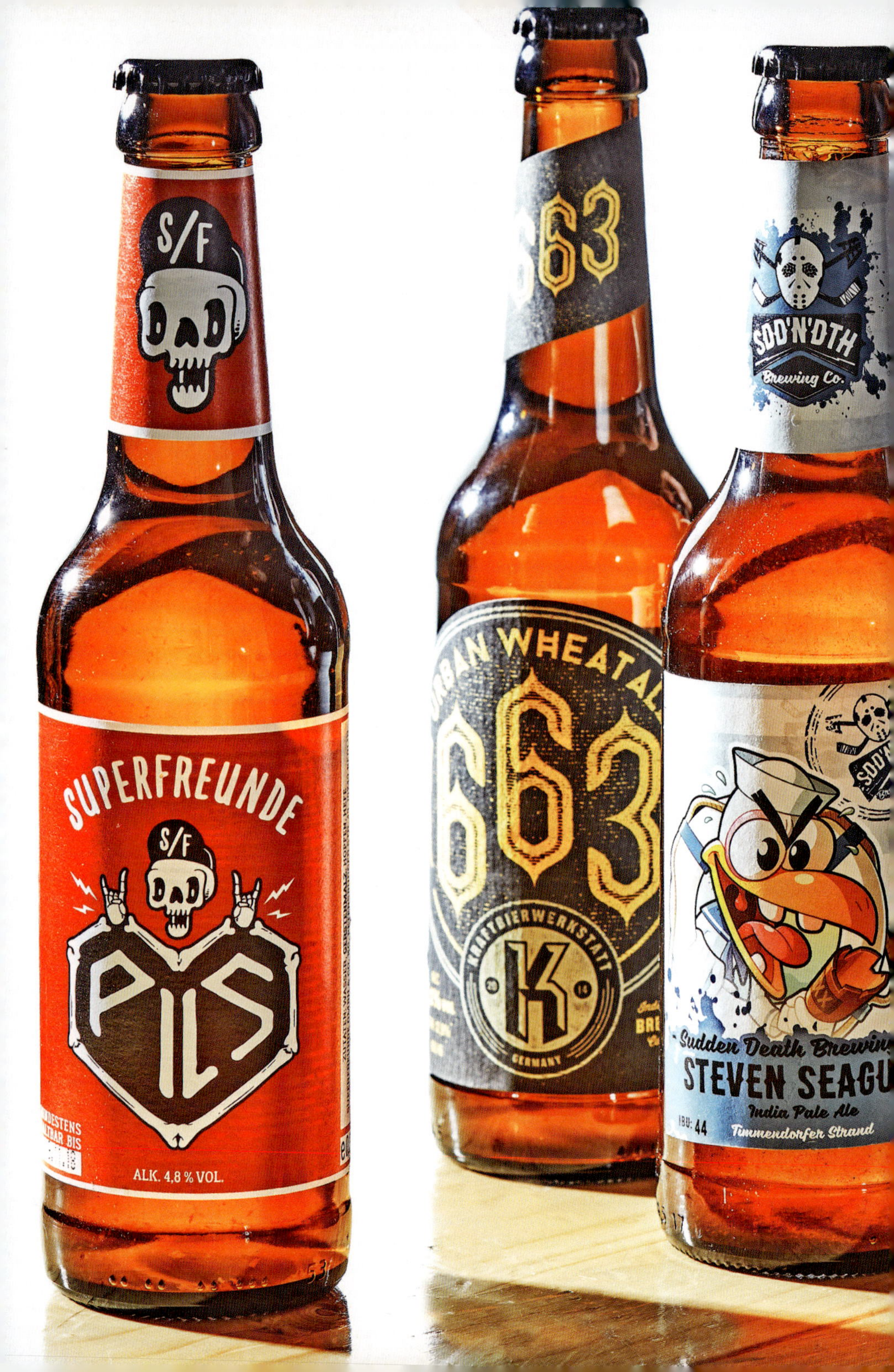
S/F
SUPERFREUNDE
S/F
PILS
ALK. 4,8 % VOL.
663
RBAN WHEATAL
663
KRAFTBIERWERKSTATT
K
GERMANY
SDD'N'DTH
Brewing Co.
Sudden Death Brewin
STEVEN SEAGU
India Pale Ale
IBU: 44
Timmendorfer Strand

REZEPT-ENTWICKLUNG

Warum du erst einmal Braurezepte lesen lernen musst, bevor du dein eigenes entwerfen kannst, welche Gewürze und Kräuter in ein Bier passen und wieso du es vermutlich nie schaffen wirst, dein liebstes „Kaufbier" zu klonen. Die Antworten findest du auf den nächsten Seiten.

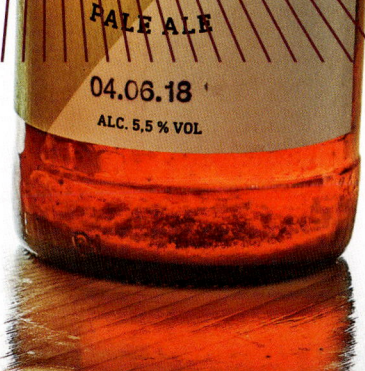

AUF ZU NEUEN UFERN – DAS EIGENE REZEPT ENTWICKELN

Du hast schon eine Reihe von Bierrezepten mit gutem Erfolg nachgebraut und möchtest deinen Freunden jetzt endlich eine Eigenkreation zur Verkostung vorsetzen? Der Weg zum guten eigenen Bierrezept ist allerdings doch etwas steiniger, als du vielleicht denkst.

Keine Sorge: Eine Herkules-Aufgabe ist die Rezeptentwicklung glücklicherweise nicht, wenn du das Grundwissen übers Bierbrauen erlangt hast. Dennoch musst du vorab ein paar Erfahrungen sammeln, die dir bei der Ausarbeitung eines Rezepts für ein schmackhaftes Selbstgebrautes äußerst nützlich sein werden. Nur wenn du die Rohstoffe gut genug kennst und genau weißt, was sie geschmacklich zum Gesamteindruck beitragen, kannst du sie für deine Eigenkreation korrekt dosieren.

Suche dir zunächst einen **Bierstil** aus, der die **Grundlage für dein eigenes Rezept** bilden soll. Es ist zwar sehr verlockend, zwei oder drei deiner Lieblingsbierstile direkt miteinander zu verknüpfen und deinem Freundeskreis mit dem ersten Imperial Sour Wheat Dark IPA eine Weltsensation zu präsentieren.

Aber glaube mir: Das geht in die Hose. Ein einzelner traditioneller Bierstil, dem du deinen persönlichen Twist verpasst, sollte für den Anfang Herausforderung genug sein.

Wenn du dich nicht entscheiden kannst, wirf einen Blick in die Richtlinien des **Beer Judge Certification Program (BJCP)** und lass dich inspirieren. Darin kannst du nachlesen, welche Charakteristika bestimmte Bierstile ausmachen. Eine sehr ausführliche Übersicht nahezu aller Biertypen bietet auch die Webseite der Müggelland-Brauerei.

Oder du entscheidest einfach nach deinem persönlichen Geschmack: Gehen wir mal davon aus, dass du gerne dunkle, röstaromatische Biere trinkst. Dann wird es erst einmal Zeit für ausgedehntes Biershopping. Ob online oder im gut sortierten Getränke-

fachmarkt – du solltest möglichst viele unterschiedliche Stouts und Porter kennenlernen. Am besten verkostest du das ganze Bier nicht alleine, sondern mit deinen Freunden, damit du gleich noch zusätzliche Meinungen zu den Brauerzeugnissen erhältst und der nächste Morgen möglichst ohne Kopfschmerzen beginnt.

Notiere dir bei der **Verkostung**, welche **Geschmackseindrücke** dir besonders gut gefallen haben. Wenn auf dem Etikett die Zutaten nicht verraten werden, findest du sie bei kleinen kreativen Brauereien oft auf der Webseite. Recherchiere anschließend im Netz oder in der Fachliteratur, welche Rohstoffe für welche Aromen verantwortlich sein könnten.

Darüber hinaus empfehle ich dir, dich durch unterschiedliche Rezeptdatenbanken zu arbeiten und so von den Erfahrungen und dem Wissen anderer Hobbybrauer zu profitieren. So erfährst du auch, welche Hopfensorten sich am besten miteinander kombinieren lassen und welche Malzsorten für eine bestimmte Farbe und den gewünschten Körper des Bieres sorgen.

REZEPTE LESEN LERNEN

Wenn du bislang nur mit den einfachen Rezepten aus „Craft-Bier einfach selber brauen" und diesem Buch gearbeitet hast, wirst du bei deinen Recherchen in anderen Datenbanken vielleicht auf Begrifflichkeiten stoßen, die dir bis dato nicht geläufig waren.

Dieses Fachvokabular sollte vorab geklärt werden, damit du andere Rezepte richtig analysieren und deren Inhalte für deine Zwecke der Rezeptentwicklung nutzen kannst.

Was ist die Ausschlagwürze?

In der umfangreichen und sehr zu empfehlenden Rezeptdatenbank von „Maische, Malz und mehr" finden sich Angaben zur Ausschlagwürze. Dabei handelt es sich um die Menge der Würze, die sich nach dem Kochprozess im Einkochtopf befindet. Im Grunde ist die **Ausschlagwürze** die fertige Würze, die anschließend nach Zugabe der Hefe vergoren wird.

Was versteht man unter Sudhausausbeute?

Die **Sudhausausbeute** (gelegentlich auch: Malzausbeutefaktor) informiert dich darüber, wie viel Zucker du aus dem Malz während des Brauprozesses herausgeholt hast. Je höher die Sudhausausbeute, desto besser verlief deine Maischearbeit oder desto effizienter warst du vermutlich beim Läutern. Dank Onlinetools kannst die Ausbeute einfach berechnen, wenn du die Schüttungsmenge, die Stammwürze und das Volumen der Ausschlagwürze notiert hast. Aber wundere dich nicht: Bei Anfängern sind es oft nur 50 bis 60 %. Fortgeschrittene erreichen teilweise auch 70 %. In den Großbrauereien liegt sie mittlerweile bei 75 % und mehr.

Wenn du dein eigenes Rezept erstellen möchtest, kannst du mithilfe deiner gewöhnlichen Sudhausausbeute errechnen, wie viel Malz du verwenden musst, um eine bestimmte Stammwürze zu erreichen.

Was hat es mit der Gussführung auf sich?

Wie dir sicher schon aufgefallen sein dürfte, finden in meinen Rezepten meist 30 Liter Wasser Verwendung. Dass am Ende nur 20 Liter Bier dabei herauskommen, liegt natürlich daran, dass schlussendlich noch viel Wasser im Treber verbleibt oder beim Kochen verdunstet. Vielleicht ist dir beim Nachbrauen meiner Rezepte aber auch schon aufgefallen, dass du eigentlich mit weniger Nachgusswasser als angegeben auskommst. Das kann durchaus passieren, denn auf jeder Anlage braut es sich anders.

Das ist der Grund, warum sich die Rezepte aus den Datenbanken bei den Angaben zur Gesamtmenge des Wassers teils stark unterscheiden. Vielleicht bist du aber auch besonders sorgfältig beim Läutern. Dann kann ich nur sagen: gut gemacht!

Wenn du dein erstes eigenes Rezept entwickelst, wirst du wissen, wie viel Wasser du für gewöhnlich zum Brauen benötigst. Nun stellt sich noch die Frage, was beim Verhältnis zwischen Haupt- und Nachguss zu beachten ist. Für die sogenannte Gussführung existiert in Hobbybrauerkreisen eine Faustregel, die besagt: Bei **hellen Bieren** solltest du mit etwa **4 Liter Wasser pro Kilogramm Malz** für den Hauptguss rechnen, bei **dunklen** sind es nur ungefähr **3 Liter Wasser pro Kilogramm Malz**. Weil durch die höheren Temperaturen beim Darren der dunklen Malze die Enzyme bereits teilweise inaktiviert wurden, sollte in der Maische für eine höhere Enzymkonzentration gesorgt werden. Also wird die Hauptgussmenge für dunklere Biere einfach verringert. Die Menge des Nachgusses ergibt sich dann ganz von selbst, denn irgendwann ist der Einkochtopf sowieso voll.

Was bedeuten die vielen Abkürzungen?

In Rezepten von US-amerikanischen Hobbybrauern wird die geplante Stammwürze gemeinhin nicht in Prozent oder Grad Plato angegeben, sondern meistens in **OG (Original Gravity)**. Auch manche Refraktometer haben eine Skala mit dieser Einheit. Die Umrechnung von OG auf °P kann – zumindest für einen ungefähren Wert – einfach im Kopf durchgeführt werden: Vernachlässige die 1 vor dem Komma und teile die letzten beiden Ziffern einfach durch 4. Aus 1,048 OG wird demnach 12 °P. **FG** steht für **Final Gravity**, zu Deutsch: Restextrakt.

In **EBC-Einheiten** wird in Europa die Bier- und Würzefarbe gemessen. Entschieden hat das einst die European Brewery Convention (ebenfalls kurz: EBC), die auch für die **International Bitterness Units (IBU)** verantwortlich ist. Auf einen thematisch passenden Namen für die Farbeinheit konnten sich die Damen und Herren aber wohl damals nicht einigen. Die Bierfarbskala reicht von 0 bis 300 EBC. Ein klassisches Pils hat in etwa 2 bis 10 EBC, ein echtes Rotbier liegt bei 30 bis 35 EBC, und ab 60 EBC wird es bereits richtig dunkel (Stout, Schwarzbier). In den USA findet zum Messen der Bierfarbe die Einheit **Grad Lovibond** (°L) Verwendung, die nach dem britischen Brauer Joseph Williams Lovibond benannt ist. Für die Umrechnung gilt: 1 °L = 1,2 EBC.

EIN REZEPT VERFASSEN

Hast du ausreichend verkostet und alle Infos rund um deinen ausgewählten Bierstil gesammelt? Dann gilt es jetzt, alle für dein eigenes Brauerzeugnis relevanten Erkenntnisse in einem Rezept zusammenzufassen.

Besonders hilfreich sind hierfür Rezepttools wie der **„Rezeptkalkulator"** der Müggelland-Brauerei oder mein Favorit: der **„kleine Brauhelfer"**, ein Programm, geschrieben von einem Hobbybrauer, das du kostenlos im Netz herunterladen kannst.

Im „kleinen Brauhelfer" kannst du alle wichtigen Daten zu deiner Braunlage, zum Beispiel die Sudhausausbeute, und den Rohstoffen hinterlegen. Wenn du dann dein Rezept nach deinen Vorstellungen zusammenstellst, unterstützt dich das Programm auf Grundlage der von dir angegebenen Informationen bei sämtlichen Berechnungen – zum Beispiel der voraussichtlichen Stammwürze, dem späteren Alkoholgehalt, der Bierfarbe oder der Bittereinheiten. Doch damit nicht genug: Du kannst im Untermenü zu den Rohstoffen auch deine vorhandenen Mengen angeben und das Programm somit auch als Bestandsliste verwenden.

Der „Brauhelfer" gibt dir auch Bescheid, wenn du mit zu viel Malz kalkulierst, weil er weiß, wie hoch das Volumen deines Topfes ist. Einziges Manko: Die Daten zu den Rohstoffen müssen alle händisch eingetragen werden, was doch eine ganze Weile dauert. Der Aufwand lohnt sich aber auf jeden Fall. Insbesondere deshalb, weil der „Brauhelfer" auch gleichzeitig deine eigene **Rezeptdatenbank** darstellt.

Wenn dein Rezept steht, geht es endlich ans Eingemachte. Es klingt zwar abgedroschen, aber es ist wahr: Probieren geht über Studieren. Du wirst vielleicht nicht sofort das perfekte Bier brauen. Lerne aus deinen Fehlern und schreibe deine Rezepte dementsprechend um. Es ist noch kein Braumeister vom Himmel gefallen. Es haben sogar alle eine Meisterprüfung ablegen müssen. Also geh nicht so hart mit dir ins Gericht, wenn's am Anfang nicht zum gewünschten Erfolg führt.

SO ENTWICKELT EIN KREATIVBRAUER SEINE REZEPTE

Kommerzielle Brauer gehen ganz ähnlich wie wir Heimbrauer bei der Rezeptentwicklung vor. Auch für sie gilt: Lerne zunächst deine Rohstoffe genau kennen, wenn du mit ihnen brauen möchtest.

Doch wenn's um Geld geht und das Brauen nicht mehr allein ein netter Zeitvertreib ist, sollte möglichst nichts mehr schief gehen. Das Wegschütten eines verbockten Sudes bricht einem Brauer nicht nur das Herz, sondern kostet in diesem Fall auch reichlich Geld. **Christian Hans Müller** von **Hanscraft & Co.**, der sich in der deutschen Craftbierszene längst einen Namen gemacht hat, erläutert für dich sein Vorgehen in Sachen Rezeptentwicklung.

So entsteht mein Bierrezept
EXPERTENMEINUNG: CHRISTIAN HANS MÜLLER (HANSCRAFT & CO.)

Ich werde oft nach dem Ursprung meiner Biere gefragt. Danach, wie sie entstehen, woher die Ideen dazu kommen und wie lange es dauert, bis ein produktionsreifes Rezept entwickelt ist.

Das ist natürlich von Bier zu Bier unterschiedlich und manchmal kommt es auch vor, dass ich bestehende Rezepte anpassen muss, denn die Natur gibt uns mit jeder neuen Ernte auch neue Herausforderungen an die Hand. Also müssen Malzschüttungen und Hopfengaben, auch bei altgedienten Sorten, regelmäßig auf den Prüfstand gestellt werden.

Rezeptentwicklung

Neue Biere entstehen, wie fast alles, zunächst im Kopf. Durch äußere Einflüsse beispielsweise, wenn ich auf Reisen oder auf Veranstaltungen Biere entdecke, die mich besonders ansprechen und die ich selbst gerne mal auf meine Art brauen möchte.

Mit der Zeit und nach all den Jahren der Rohstoffkunde entwickelt sich ein Gespür für die Basis eines Rezepts. Welches Malz brauche ich für welche Farb- und Körpercharakteristik, welche Rasten muss ich fahren, um welchen Einfluss auf die Verzuckerung auszuüben? Das heißt, ich muss mich intensiv mit meinen Rohstoffen und deren Eigenschaften auseinandersetzen, um bereits im Vorfeld einschätzen zu können, wo die Reise hingeht. Das gleiche gilt für Hopfen und Hefe sowie für andere Zutaten fernab des Reinheitsgebotes, die ein Heimbrauer wie du ja bedenkenlos einsetzen kann.

Bei mir gibt es immer Testsude, auch wenn ich glaube, meine Rohstoffe zu kennen. Aber das macht es aus, denn es gibt immer noch etwas zu verbessern, vorausgesetzt man dokumentiert vorbildlich. Ich habe erst ein einziges Mal einen großen Sud freestyle gebraut und das war ein Collaboration Brew, der trotzdem ziemlich großartig wurde. Das muss es aber nicht immer, wenn man nur freestyle braut. In der Regel folgt ein zweiter Testsud, entweder mit Erkenntnissen aus dem ersten oder um den ersten zu bestätigen.

Wenn das Ergebnis dann dort ist, wo ich es von Beginn an haben wollte, kommt der zweite Part der Entwicklung, der eher theoretisch ist. Denn jetzt gilt es, die im kleinen Maßstab erzielten Ergebnisse auf die große Anlage zu übernehmen. Dafür gibt es exakt einen Versuch, doch auch hier spielt die Erfahrung einem in die Karten. Dabei geht man gewissenhaft an die Sache heran, denn niemand möchte aufgrund eines Fehlers seinen Sud in den Ausguss verabschieden.

Daher mein Tipp an dich, wenn du noch kein eigenes Rezept geschaffen hast: Übe, braue, lerne deine Rohstoffe besser kennen und setze das gewonnene Wissen ein. Es ist viel zielführender, gesammelte Erfahrungen als Hauptzutat einzusetzen, anstatt immer wieder bei null anzufangen. Für jeden werden sich gewisse Lieblingszutaten herauskristallisieren. Und es werden immer wieder ein paar neue dazukommen. Also, ran an die Arbeit!

BIERBRAUEN VOR DEM REINHEITSGEBOT

Was im Mittelalter, also in der Zeit vor dem Reinheitsgebot, völlig normal war, ist heute eine Seltenheit: das Brauen mit Kräutern und Gewürzen.

Bevor Hildegard von Bingen im 12. Jahrhundert erkannte, dass Hopfen das Bier vor „Fäulnis" schützt und ihm außerdem eine schmackhafte würzig-bittere Note verpasst, braute man sogenannte **Grutbiere**.

Damals war es gebräuchlich, sein Bier mit allerlei Gewächsen aus dem Garten und den Wäldern zu veredeln. Rosmarin, Ingwer, Lorbeer, Anis und vor allem die zitrusaromatischen Blätter des **Gagelstrauchs**, der im Rheinland **Grut** genannt wurde, landeten damals regelmäßig in der Sudpfanne.

In städtischen Gegenden war es nicht unüblich, dass oft Bilsenkraut, Schlafmohn, Sumpfporst oder Muskatnuss verbraut wurden, vor allem aufgrund der toxischen Wirkung dieser Zutaten. Die Dosis macht das Gift: In geringen Mengen konsumiert, führten sie zu angenehmen Halluzinationen beim Biertrinken. Das „Highsein" war also erwünscht – man erlebte mit diesen Gewächsen einen außergewöhnlichen Rausch.

Nicht so auf dem Lande: In vielen Dörfern war im frühen Mittelalter das häusliche Bierbrauen eine Aufgabe, die einmal im Monat von der Frau erledigt wurde. Ungebremster Kreativität wird es zu verdanken gewesen sein, dass ab und zu auch ganz unbewusst und ungewollt ein giftiges Kraut in hoher Dosis seinen Weg ins Bier fand. Wenn die betrunkenen Männer dann eines Nachts wie von der Tarantel gestochen, laut schreiend und wild fantasierend durchs Dorf umherirrten, musste die Brauerin meistens sofort für ihren Ideenreichtum büßen: Sie wurde als Brauhexe auf dem Scheiterhaufen verbrannt.

Die Grutabgabe, eine frühe Biersteuer

All die edlen Kräuter fürs Bier, insbesondere der beliebte Gagel, wuchsen auf dem Land des Kaisers. So dauerte es nicht lange, bis dieser Geld für die wertvollen Zutaten von seinen Untertanen einforderte. Schon zu Zeiten Karls des Großen, im 8. Jahrhundert, musste die Grutabgabe, eine Art Biersteuer, entrichtet werden. In vielen norddeutschen Städten standen Gruthäuser, in denen die Kräutermischungen gegen Bares erworben werden konnten. Ab 1300 allerdings waren die Hopfenbiere mit ihrer längeren Haltbarkeit in vielen Städten und Ländereien die beliebteren Biere, sodass Kräuter und Gewürze als Bierzutaten immer mehr in Vergessenheit gerieten.

Brauen im 14. Jahrhundert
EXPERTENMEINUNG: JÜRGEN KNOKE (KÖLNER BIERHISTORIKER)

Wir, die Kölner Bierhistoriker, sind stets auf der Suche nach historischen Bierrezepturen, um sie zu bewahren, bevor sie gänzlich in Vergessenheit geraten. Besonders am Herzen liegen uns natürlich lokale Bierstile der Vergangenheit.

Ein seltener Glücksfall für uns sind in diesem Zusammenhang die Aufzeichnungen des Historikers Wilhelm Scheben (1812–1895) aus dem Jahr 1880, der das Inventar des Kölner Grutpächters Hermann van Goch aus dem 14. Jahrhundert analysiert hat und dadurch eine sehr konkrete Beschreibung des Kölner Grutverfahrens einschließlich der Kräuterzusammensetzung hinterlassen hat. Scheben war nicht nur anerkannter Historiker, sondern auch selbst Brauer und Brauereibesitzer, sodass seine Aufzeichnungen als fachlich sehr fundiert einzustufen sind.

Im Gegensatz zu anderen Städten wurden in Köln die Kräuter mit geschrotetem Malz vermischt. So wurden die Bestandteile unkenntlich gemacht, damit man die Grut nicht „fälschen" konnte.

Ein Rezept für ein Gelbbier mit Grut, wie es im Mittelalter in der Domstadt gebraut wurde, findest du auf Seite 173 zum Nachbrauen. Es basiert auf den historischen Informationen und Mengenangaben des Grutpächters van Goch.

WÜRZE DEIN BIER NACH DEINEM GESCHMACK

Alte Rezepte, neu interpretiert – das ist eines der Markenzeichen der modernen Kreativbierszene. Immer mehr Craftbierbrauer wühlen in alten Rezeptbüchern und versuchen sich an traditionellen, fast verloren geglaubten Bierstilen.

Wenn auch du ein **Bier mit Kräutern oder Gewürzen** brauen möchtest, solltest du auf einige Dinge achten. Zunächst dreht sich alles um die Auswahl der Zutaten. Welches Gewürz oder welches Kraut passen überhaupt in ein Bier? Und welcher Bierstil kommt grundsätzlich für Gewürzbier in Frage? Die Antwort ist recht einfach: Dein persönlicher Geschmack entscheidet darüber, was du auf welche Weise kombinieren möchtest.

Vorweg: Gagel, der Namensgeber für alle Grutbiere, lässt sich mittlerweile nicht mehr ganz so einfach beschaffen. Er ist noch in einigen wenigen Gegenden Nordamerikas und im nordwestlichen Europa verbreitet und war früher insbesondere in Moorlandschaften beheimatet. In einigen Onlineshops kannst du Gagelstrauch als Topfpflanze bestellen. Bei „modernen" Grutbieren solltest du es dir aber nicht ganz so schwer machen und lieber mal auf dem Wochenmarkt oder im Biomarkt nach frischen und heute gebräuchlichen Kräutern und Gewürzen Ausschau halten.

Du bist zum Beispiel ein Freund von **Rosmarin**? Dann überlege dir, wie du ihn am liebsten beim Kochen verwendest. Magst du Rosmarin in dunklen Soßen? Dann versuche doch, ihn in einem dunklen, malzaromatischen Ale unterzubringen.

Rosmarin ist harzig und leicht bitter im Geschmack. Diese Aromaeigenschaften bringen auch einige Hopfensorten mit, die hervorragend in ein India Pale Ale passen. Warum also nicht diesen Bierstil einmal mithilfe von Rosmarin in ein modernes Grut-IPA verwandeln? Auf Seite 165 findest du das Rezept zu meiner Interpretation eines Rosmarin-Ales.

Wenn du dir nicht sicher bist, wie intensiv die ätherischen Öle eines ausgewählten Krauts auf dein Bier wirken würden, dann solltest du einen **Kaltauszug** (in Wasser) herstellen. Diesen Auszug gibst du dann einfach in kleinen Mengen, am besten tröpfchenweise, einem hellen oder dunklen Bier hinzu und probierst dich durch die unterschiedlichen Proben. Danach solltest du einen Eindruck darüber gewonnen haben, ob die jeweilige Zutat wirklich ins Bier passt und in welcher Menge du sie in etwa verwenden solltest.

In welcher Phase kommen Kräuter und Gewürze hinzu?

Nun stellt sich noch die Frage, **in welcher Phase** du die ausgewählte Zutat im Brauprozess einbinden musst, um dem Bier das gewünschte Aroma zu verpassen. Im Grunde gibt es hier Parallelen zur Verwendung des Hopfens. Sowohl in der Heißphase des Würzekochens als auch in der kalten Periode nach der Gärung kannst du Gewürze und Kräuter hinzugeben.

Da die ätherischen Öle oft leicht flüchtig sind, solltest du aber in der Heißphase darauf achten, dass eine **Kochzeit von 10 Minuten nicht überschritten** wird. Deine Wahlzutat gibst du am besten in einem Teefilter, in einem Leinen- oder im Hopfensäckchen erst kurz vor Ende des Kochprozesses hinzu. Ich persönlich bin dazu übergegangen, solche kräuterigen Zutaten sogar erst im Whirlpool, als nach dem Kochvorgang, in die Würze zu geben.

Die zweite Möglichkeit ist mit der Kalthopfung zu vergleichen: Die Gewürze oder Kräuter werden erst **nach der Gärung für 2 bis 5 Tage** in das Jungbier gegeben. Durch die bereits entstandene Kohlensäure und den Alkohol wird die Extraktion der Aromen sogar noch begünstigt.

Zu guter Letzt kannst du es natürlich auch wie beim Kölner Grutverfahren aus dem 14. Jahrhundert machen: Versteck die Gewürze in der Maische – wenngleich du als Heimbrauer ja eigentlich nichts zu verbergen hast.

Die richtige Dosierung – kein leichtes Unterfangen

Vor allem scharfe oder bittere Gewürze und Kräuter sollten sehr behutsam dosiert werden. Ihr auffälliges Aroma kann sehr stark den Geschmack des Bieres beeinflussen, teilweise sogar komplett dominieren. Deshalb ist Vorsicht geboten.

Eine Faustformel für die exakte Dosierung von Kräutern und Gewürzen gibt es leider nicht. Das ist von Zutat zu Zutat unterschiedlich. Im Internet wirst du aber sicher mithilfe der Suchmaschinen einige Rezepte finden, in denen deine ausgewählte Zutat schon einmal verbraut wurde. Orientiere dich erst einmal daran. Wenn das für dich nicht passt, wirst du nicht vermeiden können, dich an die optimale Dosis über mehrere Brauvorgänge heranzutasten.

Was passt zusammen?

Es gibt ein paar Bier-Gewürz-/Kräuter-Kombinationen, die nach meiner Erfahrung immer wieder ganz hervorragend miteinander harmonieren:

Vorsichtig dosiert macht sich zum Beispiel **Chili** in belgischen Bieren oder in einem Stout sehr gut. Wer es nicht ganz so feurig, aber dennoch scharf und würzig mag, sollte sein Stout oder Porter mal mit grünem oder schwarzem **Pfeffer** einbrauen (siehe auch das Rezept auf Seite 177). Jede Form von mildem Pfeffer passt gut in Weizenbiere. Wichtig ist nur, dass die „gepfefferten" Biere auch ein wenig Restsüße als Gegenspieler mitbringen.

Ingwer mit seiner leicht scharfen Zitrusaromatik passt hervorragend in alle hellen Bierstile, ganz besonders gut in Weizenbiere und Pale Ales. **Salbei** passt vorrangig in schlanke Biere wie Pils. Alle erwähnten Gewürze und Kräuter solltest du **lediglich 10 Minuten mitkochen** oder einfach nach Kochende eine Weile mitziehen lassen.

Mein liebstes Gewürz **Vanille** ist zwar teuer, aber macht sich ganz hervorragend in Milk Stouts. Das ist auf jeden Fall einen Versuch wert. Am besten extrahierst du die Vanille aus den Schoten, wenn du sie längs halbiert für 3 bis 4 Tage in einer kleinen Menge Rum oder Whisky einlegst. Danach gibst du die Schoten nach der Hauptgärung für ein paar Tage zum Jungbier – wie beim Hopfenstopfen. Das Ergebnis ist genial. Mein Rezept für ein Vanilla Milk Stout (Seite 170) solltest du daher unbedingt einmal ausprobieren.

Zum Jahresende hin, genauer gesagt im Herbst, braue ich übrigens immer 20 Liter Weihnachtsbier. Die Zutaten sind sehr einfach: Zusammen mit 5 Kilogramm Münchner Malz maische ich 1 Kilogramm **Aachener Printen** in Bioqualität ein. Mit einem würzigen Hopfen wie Perle bringe ich den Sud auf 20 IBU und bei der Gärung hilft die S-04. Das Ergebnis duftet herrlich nach Zimt, Nelken, Piment, Koriander sowie Sternanis und erfreut sich während der besinnlichen Tage immer großer Beliebtheit in meinem Freundes- und Bekanntenkreis.

Brauen mit Früchten und Honig

Auch **Fruchtbiere** sind sicher nichts für Reinheitsgebotsfanatiker und Puristen. Nichtsdestoweniger haben sie in der Bierszene ihre Daseinsberechtigung. Manche Brauerzeugnisse sind über viele Generationen hinweg immer gerne gebraut und getrunken worden. So zum Beispiel das belgische Kriek, ein spontan vergorenes Sauerkirschbier.

Da für uns Heimbrauer wirklich alles erlaubt ist, solange es schmeckt, haben sich bereits einige kreative Köpfe an Biere mit Früchten gewagt. Wenn man sich durch die unzähligen Rezeptdatenbanken wühlt, fällt auf: Es muss wirklich schon alles einmal im Bier gelandet sein. Insofern rate ich auch hier zum Ausprobieren. Lass dich von den Rezepten inspirieren und kombiniere, was dir am besten schmeckt.

Die Jungs von MÜCKE Craft Beer haben zum Beispiel eine traditionelle Gose mit Himbeeren eingebraut. Dabei kochen Sie die Himbeeren für 10 Minuten mit. Das Rezept gibt's zum Nachbrauen auf Seite 169. Aber bitte vergiss nicht: Die Fruktose aus den Beeren wird komplett verstoffwechselt. Es wird also kein fruchtig-süßes Bier.

Ähnlich wird es auch dem **Honig** ergehen, der als Zutat dem Bier sein besonderes Aroma verleihen soll. Ein kräftiger Waldhonig kann helle, aber auch dunkle Selbstgebraute herrlich rund machen. Blütenhonigsorten sorgen für teils recht fruchtige Aromen. Allerdings besteht Honig zu großen Teilen aus Glukose und Fruktose. Diese Einfachzucker werden zwar auch gerne von der Hefe verstoffwechselt, sie hemmen allerdings den Abbau der Maltose.

Ich habe bislang den Honig meist für 10 Minuten mitgekocht und noch keinerlei Probleme mit dem Maltoseabbau feststellen können. Wenn du aber auf Nummer sicher gehen willst, dass auch wirklich der komplette Malzzucker in der Würze durch die Hefe zu Alkohol und CO_2 wird, musst du den Honig erst gegen Ende der Hauptgärung in den Gärbottich geben. Aber Vorsicht: Du solltest ihn vorher für gut eine halbe Stunde bei 80 °C pasteurisieren, denn der Honig kann wilde Hefen beinhalten, die deinem Jungbier schaden könnten.

Egal, ob Kräuter, Gewürze, Früchte oder Honig: Beim Bierbrauen mit diesen natürlichen Zutaten sind dir keine Grenzen gesetzt. Lediglich mit Avocado wirst du wenig Spaß haben. Zumindest wenn du ein Freund von Bieren mit prächtigem Schaum bist. Der hohe Fettgehalt der Avocado dürfte die Schaumstabilität deines Selbstgebrauten enorm beeinflussen. Mit anderen Worten: Auf Schaum musst du dann wohl verzichten. Aber wenn's schmeckt, dann brau's dir einfach.

DAS EIGENE LIEBLINGSBIER NACHBRAUEN

Es wäre so praktisch: Du sparst dir zukünftig die Fahrt zum Getränkemarkt und braust dein Lieblingsbier stattdessen einfach selbst nach. An sich eine riesige Idee, an der Umsetzung allein wird es aber hapern.

Warum? In erster Linie werden die Brauer deines favorisierten Kaufbiers sicher nicht ihr Rezept preisgeben, weil sie dich nicht als Kunden verlieren wollen. Du wirst auf deiner kleinen Heimbauanlage aber auch niemals ein Bier ein zweites Mal so hinbekommen, wie du es möchtest. Dafür ist das handwerkliche Brauen eben handwerkliches Brauen: Das Erzeugnis schmeckt immer ein wenig anders. Handgemacht eben.

Die größere Brauerei, die dein bis dato liebstes Standardbier gebraut hat, hat da völlig andere Möglichkeiten. Die Brauer können auf ihren Anlagen, die viel besser steuerbar sind, tatsächlich Biere reproduzieren. Dein nachgebrautes Bier wird niemals so schmecken wie das Original.

Daher mein Appell an dich: Erspare dir selbst diese Enttäuschung. Unterstütze lieber weiter die Brauwirtschaft, insbesondere die Bierproduktion der kleineren und regionalen Brauereien. Nutze deine Möglichkeiten als Heimbrauer, deiner Kreativität freien Lauf zu lassen und genieße dein neues Hobby einfach. Denn wenn das Bierbrauen zur Arbeit wird, verliert es ein wenig von seinem Zauber.

ÜBER DEN FLASCHENRAND

Wie du deinen Freunden das selbstgebraute Craftbier näherbringen kannst, was aus dem ausgelaugten Treber noch Leckeres werden kann und welche Hürden auf dem Weg vom Heim- zum kommerziellen Brauer zu nehmen sind: Abschließend wagen wir den Blick über den Flaschenrand.

FOODPAIRING MIT CRAFTBIER IM FREUNDESKREIS

Das regelmäßige Heimbrauen kann schnell dazu führen, dass industrielle Brauerzeugnisse, die man früher noch zu schätzen wusste, jetzt beim Besuch im Getränkemarkt links liegen bleiben.

Die hellen Kaufbiere der Großbrauereien, die sonst immer so gut gegen Durst halfen, sind mittlerweile einfach zu langweilig geworden.

Doch in deinem Freundeskreis gibt es immer noch eine ganze Menge Biertrinker, die lieber auf Pils, Helles oder Weizen von Großbrauereien zurückgreifen und den Geschmacksunterschied, den echter Aromahopfen im Vergleich zu Hopfenextrakt mit sich bringt, noch nicht zu schätzen wissen. Es ist völlig normal, dass die ersten selbstgebrauten Biere den ungeschulten Bierfreund fordern und teilweise auch überfordern. Mach es ihm doch ein wenig leichter, indem du beim nächsten gemeinsamen Fußballabend auf dem Sofa vor dem TV-Gerät die passende Sorte Kartoffelchips zum Bier reichst.

TIPP — DAS RICHTIGE GLAS ZUM BIERVERKOSTEN

Für eine echte Bierverkostung solltest du auf ein spezielles Tastingglas zurückgreifen. Einen solchen Verkostungspokal erhältst du online, aber auch bei gut sortierten Getränkehändlern für einen Stückpreis von 5 Euro. Das Glas ist bauchig geformt, sodass sich die Aromen des Bieres besonders gut entfalten können. Fülle das Glas aber nur bis zum „Bauchansatz", damit deine Nase nicht gleich in der Schaumkrone landet, wenn du versuchst, die kräftigen Aromen wahrzunehmen. Alternativ zum Verkostungspokal tut es auch ein Rotweinglas.

Foodpairing, wie der Fachmann sagt, ist mit Bier eigentlich ganz einfach. Es gibt ein paar typische Kombinationen, die fast immer passen. Gut gekühltes helles Bier wirkt erfrischend und durstlöschend. Zu salzigen Chips kann man also durchaus ein Pils reichen, aber das ist noch lange nicht das Ende der Fahnenstange. Bei sehr stark gewürzten, scharfen Chips passt zum Beispiel ein fruchtig-frisches Pale Ale oder IPA noch besser als Pils. Dunkle Biere wie Porter oder Stouts lassen sich gut zu Chips mit BBQ-Aroma trinken. Hier harmonieren die rauchigen Aromen gut mit den malzigen und röstaromatischen Noten des Bieres.

Wer Kartoffelchips mit Honig und Senf mag, der findet in einem Saison den idealen Partner zur Knabberei. Die Hefenoten des Bieres tendieren Richtung pfeffrig, würzig und süß, dazu passen freilich auch Honig und Senf. Eine tolle Kombination, die ich jedem nur ans Herz legen kann, der keine Lust mehr auf das ewig langweilige Duett aus Hellem und Paprikachips hat. Die getreidigen und leicht süßlichen Noten der Tortillachips finden im malzigen und vollmundigen Charakter eines dunklen Altbiers ihren kongenialen Partner.

DAS PROFESSIONELLE VERKOSTEN

Wer Bier nur als Durstlöscher sieht und es in einem Zug in sich hineinschüttet, verpasst die feine Aromatik. Wenn du dein selbstgebrautes Craftbier einmal professionell wie ein Biersommelier verkosten möchtest, musst du einfach nur meiner Kurzanleitung folgen.

Der erste Eindruck zählt bereits: Nach dem Einschenken in ein möglichst **bauchiges Glas** solltest du sofort daran riechen, um auch die ersten, oft flüchtigen Aromen wahrnehmen zu können. Hier könnten dich bereits fruchtige Noten vom Hopfen begrüßen oder röstige und kaffeeartige, wenn dein Bier zum Beispiel ein Stout ist.

Dann geht's schon um die **Optik** des Bieres: Wie ist der Schaum? Fein- oder grobporig? Zerfällt er schnell oder ist er standhaft? Wie steht's um die Kohlensäure? Wandern die kleinen Perlen wie an Schnüren gezogen seicht zur Oberfläche?

Natürlich hat auch die **Trübung** deines Bieres einen Einfluss auf das Gesamtbild: Ist es trüb, opal, leicht opalisierend, klar oder vielleicht sogar glanzfein, obwohl es nicht filtriert ist? Wie ist die Farbe des Bieres? Strohgelb? Bernsteinfarben? Tiefschwarz? Für jeden Bierstil gibt es andere Vorgaben, doch für dich sollte vor allem eins zählen: Gefällt es dir? Das ist die Hauptsache.

Der **Geruch** steht als nächstes im Fokus: Wenn sich die Schaumdecke geöffnet hat, kommt das volle Aroma des Bieres zum Tragen. Der Geruch ist enorm wichtig für die sensorische Analyse eines Bieres, denn der Mensch kann mit knapp 350 Rezeptoren in der Nase bis zu 10 000 Gerüche unterscheiden. Die Zunge hingegen nimmt nur fünf Geschmäcker wahr: süß, sauer, salzig, bitter und umami.

Bevor du verdurstest, wird es nun Zeit für den **ersten Schluck**. Zunächst nimmst du an der Zungenspitze die Süße wahr, dann folgt das allgemeine Mundgefühl: Ist es vollmundig oder eher wässrig? Schmeckt es leicht oder wirkt es alkoholaromatisch? Ist es vielleicht sogar sauer oder salzig?

Während du das Bier im Mund hast, kannst du auch die **Rezenz** deines Selbstgebrauten überprüfen. Ist es spritzig oder wirkt es schal? Hat es viel oder wenig Kohlensäure?

Beim Herunterschlucken, also im Abgang oder Abtrunk, steht dann die Bittere im Fokus: Kommt sie weich daher? Ist sie vielleicht sogar kaum wahrnehmbar? Ist sie kratzig?

Und wenn du während der Verkostung des Bieres mit geschlossenem Mund durch die Nase ausatmest, nimmst du nochmals besondere Geschmackseindrücke durch den retronasalen Bereich wahr.

Doch selbst jetzt ist die Analyse noch nicht vorbei. Wenn die Temperatur des Bieres steigt und es Sauerstoff ausgesetzt ist, kann sich der Geschmackseindruck noch einmal stark verändern. Mache dir am besten zu jedem deiner selbstgebrauten Biere **Verkostungsnotizen**. Wenn du gedenkst, Rezepte häufiger zu brauen, kannst du so die einzelnen Sude gut vergleichen und deine Schlüsse daraus ziehen.

Drei Gänge mit Bierbegleitung
EXPERTENMEINUNG: MARKUS MAURER (BIERAGENTUR DO)

Ein Menüabend mit Bierbegleitung bietet den perfekten Rahmen, um auch skeptische Menschen von den Vorzügen des handgemachten und kreativen Bieres zu überzeugen. Das gute Essen, die Atmosphäre und das schöne Gefühl verwöhnt zu werden, bieten ein Umfeld, in dem auch Zweifler aufgeschlossener sind. Wenn du also vor der Aufgabe stehst den Partner, die Familie oder Freunde von deinem liebsten Hobby und der Qualität von Selbstgebrautem überzeugen zu müssen, kannst du es ruhig einmal mit diesem einfachen Menü probieren. Du solltest nicht unbedingt mit Austern und Milk Stout starten, obwohl die Kombination großartig ist.

VORSPEISE: Bunter Pflücksalat mit Himbeervinaigrette und Räucherfisch dazu Himbeergose

Aus der fruchtig säuerlichen Himbeergose lässt sich mit etwas frischem Himbeerpüree, süßem Senf und Öl eine herrlich frische Vinaigrette herstellen. Das Aroma des Bieres bietet ebenfalls einen tollen Kontrast zur rauchigen Würzigkeit des Fischs. Frisches Brot nicht vergessen, denn diese Salatsoße will man definitiv vom Teller lecken.

HAUPTSPEISE: Grillhähnchen mit Drillingen und Wurzelgemüse gepaart mit Saison

Kräuter und Knoblauch unter die Haut des Hähnchens geben und rein damit in den Ofen. Am besten so, dass man Gemüse und die Kartöffelchen darunter platzieren kann, damit Fett und Saft aus dem Huhn darauf tropfen. Wer mag, kann zwischendurch sogar mit Saison ablöschen. So schafft man schon während des Kochens eine Verbindung aller Zutaten. Herrlich rustikal wie auf dem Bauernhof.

NACHSPEISE: Brownies mit gepfefferten Erdbeeren gepaart mit Pfeffer-Porter

Hier paaren sich die schokoladigen Aromen von Bier und Brownie. Pfeffer in Bier und Nachspeise? Klar! Er gibt dem Ganzen das gewisse Etwas und wird die Gäste positiv aus den Socken hauen.

TREBERREZEPTE
VON JAN GRÜN, mor mor AACHEN

Als Heimbrauer will man eigentlich ungern Treber wegwerfen. Es fühlt sich falsch an, die Biotonne zu öffnen und den ausgelaugten Malzrest zu entsorgen. Denn Treber ist enorm proteinreich und wird daher noch gerne in der Viehzucht eingesetzt.

Was für Schweine und Kühe gut ist, kann für den Menschen ja nicht per se schlecht sein. Aber immer wieder dasselbe Treberbrot backen, macht auf Dauer auch nicht glücklich.

Wenn du neue Verwertungsmöglichkeiten für deine zuckerarmen Malzreste suchst, dann hat Hobbybrauer und Koch Jan Grün, mein Experte auf diesem Gebiet, fünf einfach umzusetzende, vegetarische und teilweise sogar vegane Rezepte für dich parat. Einen Großteil des Trebers wirst du auch weiterhin in die Tonne oder auf den Komposthaufen geben müssen, denn besonders große Mengen an Treber braucht man auch für diese Rezeptideen nicht. Am besten befüllst du nach jedem Brautag ein paar Tiefkühlbeutel mit frischem Treber und frierst sie ein. So hast du immer Treber, wenn du welchen brauchst.

Bei den Rezeptideen ist anzumerken, dass sofern nichts anderes vermerkt ist, immer von ausgelaugtem, aber noch feuchtem Treber auszugehen ist. Falls dein Treber schon zu trocken ist, wirst du manchmal etwas mehr oder weniger Flüssigkeit hinzugeben müssen.

TREBER-PESTO

Klassisch verwendet man für ein Pesto Pinienkerne, um das Olivenöl zu binden. Bei diesem Rezept ersetzt du sie einfach durch deinen Treber. Neben dem Effekt der Bindung verleihst du deinem Pesto so noch eine zusätzliche würzige Geschmackskomponente.

Zutaten:

½ Bund glatte Petersilie
½ Bund Basilikum
1 Knoblauchzehe
Salz
grober Pfeffer
60 g Pecorino
60 g Treber
150 ml Olivenöl

So geht's:

Zunächst die Kräuter zupfen und waschen, grob hacken und sie zusammen mit dem gehackten Knoblauch, Salz und Pfeffer in einen Mörser oder Küchenmixer geben. Nacheinander etwas Pecorino, Treber und langsam das Olivenöl hinzugegeben. Vorsichtig kannst du dich an die perfekte Konsistenz herantasten. Nach dem Umfüllen in ein Marmeladenglas solltest du die Oberfläche noch mit ein wenig Öl

bedecken, ehe du den Schraubdeckel luftdicht verschließt. Damit dein Pesto so lange wie möglich seine schöne grüne Farbe behält, solltest du es zum Beispiel mithilfe von Alufolie vor Licht schützen.

Bei hellem Treber passt spanisches Olivenöl am besten. Wenn du eine kräftige dunkle oder gar röstmalzige Schüttung für dein Bier verwendet hast, greife zu griechischem Olivenöl. Wenn du den Trebergeschmack besonders hervorheben möchtest, kannst du auch gut ein neutrales Pflanzenöl verwenden.

Das angebrochene Pesto hält sich, wenn du immer einen sauberen Löffel verwendest, gut 2 Wochen im Kühlschrank.

TIPP — SO WIRD'S PERFEKT

Lass dein Pesto während der Zubereitung ruhig einmal für 3 bis 4 Minuten stehen, um zu sehen, wie viel Öl vom Treber und dem Pecorino aufsogen wird. Und wenn du gerne mit grobem Meersalz würzt, solltest du das Salz vorher mörsern oder vor dem Nachwürzen eine Weile abwarten, bis sich das Salz aufgelöst hat und im Pesto gleichmäßig verteilt ist.

TREBER-SALAT

Die Inspiration für diesen Salat bekam ich durch einen Couscous-Salat, den ich schon seit Jahren gerne zubereite und der immer wieder gut ankommt. Der Treber ersetzt hier den Couscous und bringt seine eigene würzige Note mit.

Zutaten:

300 g Treber
1 mittelgroße Zwiebel
1 mittelgroße Tomate
1 rote Spitzpaprika
1 Zitrone
1 TL Kurkuma
Salz
frischer Pfeffer
Olivenöl
½ Bund glatte Petersilie

optional für die orientalische Note: 1 TL Raz El Hanout, marokkanische Gewürzmischung

So geht's:

Zunächst solltest du den frischen Treber abkühlen lassen. In der Zwischenzeit die Zwiebel, die Tomate und die Paprika in möglichst kleine Würfel schneiden. Den Saft von einer Zitrone mit einem Teelöffel Kurkuma, dem Salz und dem Pfeffer vermischen. Wenn du Lust auf eine orientalische Note hast, dann füge auch noch einen Teelöffel Raz El Hanout hinzu. Anschließend verrührst du alles mit dem Olivenöl zu einer Vinaigrette.

Nun hackst du die Petersilie klein und vermischt danach in einer Schüssel alle Zutaten miteinander. Schmecke den Salat ab und lasse ihn am besten vor dem Verzehr noch einige Stunden oder über Nacht im Kühlschrank ziehen.

TREBER-HUMMUS

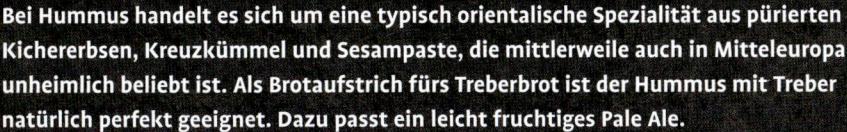

Bei Hummus handelt es sich um eine typisch orientalische Spezialität aus pürierten Kichererbsen, Kreuzkümmel und Sesampaste, die mittlerweile auch in Mitteleuropa unheimlich beliebt ist. Als Brotaufstrich fürs Treberbrot ist der Hummus mit Treber natürlich perfekt geeignet. Dazu passt ein leicht fruchtiges Pale Ale.

Zutaten:

200 g Treber
100 g über Nacht eingeweichte Kichererbsen
200 g Tahin-Paste (Sesampaste)
1 Knoblauchzehe
1 TL Kreuzkümmel
½ Zitrone
50 ml Olivenöl
Salz
1 TL Pul Biber (scharfe Paprikaflocken, Schärfe kann variieren)
½ Bund glatte Petersilie

So geht's:

Alle Zutaten, mit Ausnahme der Petersilie, in einen Topf geben und 400 Milliliter Wasser hinzugeben. Für etwa 20 Minuten leicht köcheln lassen. Mit einem Küchen- oder Stabmixer zu einer feineren Masse pürieren. Je nach Konsistenz kannst du noch etwas Öl oder Wasser dazugeben. Anschließend noch einmal abschmecken, den fertigen Hummus mit einer dünnen Schicht Olivenöl bedecken. Zum Anrichten in eine flache Schale geben und mit der gehackten Petersilie, etwas Olivenöl und Pul Biber verzieren.

TIPP — KICHERERBSEN AUS DER DOSE

Wenn dir die Zeit fehlt, die Kichererbsen einzuweichen, kannst du auch welche aus der Dose nehmen. Das Aroma von getrockneten Kichererbsen, die über Nacht eingeweicht wurden, ist aber viel intensiver.

TREBER-KROKANT

Als leckere Knabberei für zwischendurch oder als eine zuckerige, aber dennoch gesunde Zugabe fürs morgendliche Müsli ist der Treber-Krokant hervorragend geeignet. Er ist aus nur wenigen Zutaten sehr einfach herzustellen, benötigt aber deine uneingeschränkte Aufmerksamkeit, damit er perfekt wird.

Zutaten:

300 g Treber (getrocknet)
250 g Zucker
1 Spritzer Zitronensaft

So geht's:

Extrem wichtig hierbei ist es, dass dein Treber komplett trocken ist. Verteile ihn am besten auf einem Backblech und stelle ihn für einige Stunden bei ungefähr 60 °C in den Backofen. Lass die Backofentür einen Spalt offen, damit die Feuchtigkeit entweichen kann.

Nun geht's ans Karamellisieren: Gib den Zucker mit einem Spritzer Zitronensaft und etwas Wasser (nur so viel, dass sich der Zucker darin löst, aber nicht komplett bedeckt) in einen Topf, verrühre alles und lass es bei mittlerer Hitze seicht köcheln, bis die Flüssigkeit vollständig verdampft ist.

Vorzugsweise mit einem Holzlöffel solltest du nun vorsichtig rühren und den Zucker nicht mehr aus den Augen lassen. Der Zucker verfärbt sich jetzt langsam, wird bräunlich und immer dickflüssiger. Sobald die Farbe des Zuckers in Richtung Bernstein geht, kannst du nach und nach den getrockneten Treber unterrühren. Nimm den Topf dafür am besten vom Herd. Wenn alles gut vermischt ist, gibst du den Inhalt des Topfes auf ein Backpapier, legst noch eine zweite Lage darüber und rollst alles mit dem Nudelholz zügig aus. Ist der Krokant ausgehärtet und abgekühlt, kannst du ihn in kleine Stückchen bröseln.

INFO — ACHTUNG MIT DEM ZUCKER

Den Zucker bitte niemals probieren oder mit den Fingern anfassen, solange er kocht!

TREBER-NUSSBROT

Eine besonders gesunde Art von Treberbrot ist diese Variante, die Basis ist die eines Nussbrotes. Es ist aber nicht nur gesund, es schmeckt auch ganz wunderbar. Spätestens, wenn du dieses Brot zum ersten Mal im Ofen hast, und sein Duft deine ganze Küche erfüllt, willst du kein anderes mehr aus Treber backen.

Zutaten:

- 290 g Sonnenblumenkerne
- 200 g Haselnüsse
- 140 g geschrotete Leinsamen
- 150 g Treber
- 150 g Haferflocken
- 6 gestrichene EL Flohsamenschalen
- 4 EL Chia-Samen
- 2 TL Salz
- 2 EL Agavendicksaft (oder Honig)
- 6 EL Kokosöl geschmolzen

So geht's:

Zunächst die Sonnenblumenkerne und die Haselnüsse in einer Pfanne ohne Zugabe von Fett bei mittlerer Hitze anrösten. Lass sie anschließend abkühlen und gib sie zusammen mit den Leinsamen, dem Treber, den Haferflocken, den Flohsamenschalen, den Chia-Samen und dem Salz in eine Schüssel, um alles zu vermengen. Mische dann 700 Milliliter warmes Wasser mit Agavendicksaft und Kokosöl und rühre die Nussmischung unter. Anschließend füllst du den Treber-Nussbrotteig in eine eingefettete Kastenform. Du kannst auch ohne Fett arbeiten und die Form stattdessen einfach mit Backpapier auslegen. Lass sie dann für 2 bis 3 Stunden, am besten über Nacht, stehen. Heize den Backofen auf 175 °C (Ober-/Unterhitze) vor und backe das Brot in der Form für 20 Minuten, dann nochmals ohne Form für 40 Minuten.

DEIN BIER IM SUPERMARKT?

Wenn dein Bier im Freundeskreis richtig gut ankommt, werden meist auch schon die ersten motivierenden Stimmen laut: „Das schmeckt so gut, das musst du in den Handel bringen!" Du kennst das, oder?

Ich konnte damals nur darüber schmunzeln. Für mich waren meine ersten Biere alles andere als perfekt. Außerdem fehlte mir damals wie heute die Zeit für eine Großproduktion und den Vertrieb der eigenen Biere. Mir war schon klar, dass das ganze Drumherum noch mal mindestens genauso viel Zeit in Anspruch nehmen würde wie das Brauen an sich. Ganz abgesehen von der ordentlichen Stange Geld, die man zunächst einmal investieren muss, und der Sorge, dass ausgerechnet der erste Versuch kein trinkbares Ergebnis liefern würde. Zwei meiner früheren Brauschüler aus Essen, Dennis Pfahl und Michael Kesseböhmer, hatten mehr Mumm als ich und haben den Weg vom entspannten Heimbrauer zum kommerziellen Kreativbrauer gemeistert. Dennis berichtet von den Hürden, die es zu nehmen galt, und wie es sich letztlich anfühlt, wenn das eigene Bier im Supermarktregal zum Verkauf bereitsteht.

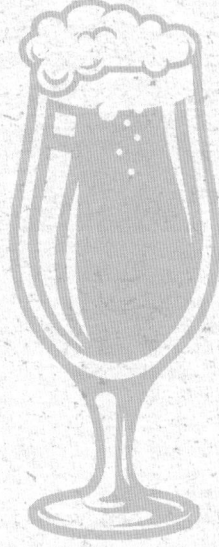

Der steinige Weg zur Vermarktung
EXPERTENMEINUNG: DENNIS PFAHL (MÜCKE CRAFT BEER)

Eigentlich sollte das Bierbrauen für uns nur ein Hobby bleiben. Wir haben anfangs wirklich keine Sekunde darüber nachgedacht, unser selbstgebrautes Bier irgendwann mal zu verkaufen. Doch als die ersten Heimbrauversuche gelungen waren und wir nicht nur von Freunden gelobt, sondern auch von uns bekannten Gastronomen und Einzelhändlern der Craftbierszene angefragt wurden, begannen wir, darüber nachzudenken. Unser Bier hatte bis dato nicht einmal einen Namen. Wobei das noch der einfachste Part des Ganzen war ...

In erster Linie kann ich sagen, dass Kontakte aus allen Bereichen Gold wert sind, wenn man ungeplant und mit wenig Budget in ein solches Abenteuer starten möchte. Für uns war von Anfang an klar, dass wir keine eigene Brauerei betreiben wollten. Gypsy Brewing, also das Einmieten in eine größere Brauerei, war unsere Wunschoption. Am liebsten im Ruhrgebiet oder zumindest in der Nähe. Doch das war gar nicht so einfach: Zahllose Anrufe und E-Mails wurden mit Absagen beantwortet, weil viele andere Craftbrauer dieselbe Idee verfolgten. Und hatte man dann doch einmal irgendwo freie Kapazitäten gefunden, waren sie für uns mengenmäßig ungeeignet. Ab und an war auch die Abfüllung qualitativ nicht hochwertig genug, sodass nur kurze Mindesthaltbarkeitsdaten möglich gewesen wären. Und je kürzer das MHD, desto weniger attraktiv ist die Biersorte für den Handel. Fündig wurden wir erst durch die Kontakte eines befreundeten Brauers.

ALLER ANFANG IST SCHWER

In der Brauerei selbst ergaben sich die nächsten Schwierigkeiten. Unsere Brauprotokolle und Rezepte, die zuvor auf

Hopfen reagiert auf der großen Anlage anders. In unserem speziellen Fall tappten wir bei einer Zutat sogar völlig ins Dunkle: Wir mussten feststellen, dass Ingwer auf einer größeren Brauanlage besonders schwer zu dosieren ist. Im Endeffekt kann man es nur wagen und beim nächsten Mal notfalls besser machen. Das Prozedere kennt jeder Heimbrauer von zu Hause: Learning by brewing.

Während die 20 Hektoliter Würze nun die nächsten 6 bis 8 Wochen im Tank lagerten, hatten wir Zeit, uns mit den nächsten Aufgaben zu befassen, die bis zur Abfüllung bewältigt werden mussten. Flaschen und Rahmen beziehungsweise Kartons mussten in großen Mengen beschafft werden. Hier hatten wir die Möglichkeit, auf Neuglas zu setzen oder uns direkt einen Getränkeverpackungsdienstleister an die Seite zu holen. Es war und ist immer noch alles eine Frage der Kalkulation. Im besten Fall kann man auf Leergut zurückgreifen, welches eh schon in der Brauerei fürs Abfüllen lagert. Langfristig mussten wir uns aber eigene Bezugsquellen erschließen.

haushaltsüblichen 20-Liter-Bieranlagen gebraut wurden, ließen sich nicht so einfach auf 20 Hektoliter hochrechnen. Wir mussten lernen, dass das Rezept für ein Bier auch immer an eine bestimmte Anlage gebunden ist.

Somit konnten wir mit unserem Wissen und der Erfahrung des Braumeisters vor Ort nur versuchen, unser heimgebrautes Referenzbier nachzubrauen. Die Sudhausausbeute war eine andere und auch der

Das Etikett stellt auch nochmal eine besondere Hürde da. Es gibt diverse Vorgaben in Deutschland, die eingehalten werden müssen. Beispielsweise sind sensible Daten wie der Alkoholgehalt, das Haltbarkeitsdatum, die Menge des Inhaltes und dessen Zutaten in vorschriftsgemäßem Format anzugeben. Gute Druckereien standen uns unterstützend zur Seite. Unifarbene Kronkorken sind meistens in der jeweiligen Brauerei zur Genüge vorhanden, so auch in unserem Fall.

WOHIN MIT DEM GANZEN BIER?

Das nächste Problem stand allerdings schon fast vor der Tür: Schon bald mussten mehrere tausend Flaschen in hunderten von Kisten auf zig Paletten irgendwo untergebracht werden. Als Heimbrauer schafft man einfach alles in den Keller oder in die Abstellkammer. In unserem Fall bedurfte es einer echten Lagermöglichkeit.

Diese musste nicht nur genügend Platz, sondern auch anderweitig optimale Bedingungen bieten. Ich erinnere mich, dass wir unsere Halle einige Wintertage beheizen mussten, um das Bier vor dem Gefrieren zu schützen. Andererseits durfte es auch nicht zu warm gelagert werden.

In den ersten Wochen nach der Lieferung unseres Bieres verbrachten wir fast jeden freien Tag im Lager. Unseren ersten Sud etikettierten wir noch völlig von Hand mit selbstklebenden Labels. Jede Bestellung wurde auf Abruf etikettiert und dann ausgeliefert.

In dieser Zeit stellten wir fest, dass uns viele Händler ohne einen GTIN auf unseren Flaschen nicht vertreiben konnten. Du kennst diese GTINs vermutlich als Barcodes auf sämtlichen Produkten, die an den Kassen gescannt werden. Für uns war es also unerlässlich, eine solche Identifikationsnummer zu beantragen, was mit weiteren Kosten und Aufwand verbunden war. Aber auch das ließ sich meistern.

Die darauffolgenden Wochen überschlugen sich. Immer mehr Kunden fanden Gefallen an unserem Bier, es musste fleißig etikettiert und ausgeliefert werden. Mit dem Mindesthaltbarkeitsdatum im Nacken mussten weitere Absatzmärkte akquiriert werden, um nicht auf der Ware sitzenzubleiben – und auch die Buchhaltung stand an. Während noch einige Kisten im Lager standen, musste schon ein neuer Brautermin vereinbart werden. Rohstoffe, Flaschen, Labels, Kronkorken mussten erneut beschafft und die Logistik exakt geplant werden.

Bei der vielen Arbeit und den neu entstandenen Aufgaben rückte das eigentliche Hobby, leckeres Bier im gemütlichen Rahmen zu Hause zu brauen, völlig in den Hintergrund. Für uns war es dennoch der richtige Schritt, denn das eigene Bier im Supermarkt um die Ecke zu entdecken oder in der Lieblingsbar eingeschenkt zu bekommen, macht dich einfach unheimlich stolz. Vor allem dann, wenn es auch vielen anderen schmeckt.

CRAFTBIER-REZEPTE

An dieser Stelle findest du zehn neue Rezepte für spannende Craftbiere zum Nachbrauen.

156 | Craftbierrezepte

Wenn du die Rezeptideen aus „Craft-Bier einfach selber brauen" schon nachgebraut hast, kennst du das Rezeptschema. Du kannst also auch bei diesen Bierstilen die Anleitung aus dem Vorgängerbuch Schritt für Schritt, vom Einmaischen bis zur Nachgärung, durchgehen ...

ZEIT FÜR NEUE BIERE

… und dich später über ein neues besonderes Selbstgebrautes freuen. Die Angaben für den Stammwürze- und den Alkoholgehalt sind nur als Orientierung gedacht. Letztendlich entscheiden deine Anlage und deine Sudhausausbeute über diese Werte.

Im Gegensatz zu den aufgeführten Malz- und Hefesorten in den Rezepten sind die ausgesuchten Hopfensorten nur als Beispiele zu verstehen. Du kannst auch einfach andere auswählen und die Rezepte so individuell an deinen persönlichen Geschmack anpassen. Wenn du also eine Sorte im Onlinehandel nicht bekommen kannst, macht es gar nichts, wenn du dich für eine andere entscheidest.

Beachte, dass die Alphasäurewerte der Hopfensorten je nach Herkunft und Jahrgang variieren können. Die in den Rezepten angegebenen sind nur ungefähre Werte. Die korrekten Hopfenmengen für den von dir ausgesuchten Hopfen mit dem entsprechenden Alphasäurewert musst du also vorab mit einem Rechner ermitteln, den du beispielsweise auf der Webseite der Müggelland-Brauerei findest.

Trage dort im Formular unbedingt eine Nachlaufzeit von 15 Minuten ein. Diese Zeit gibt an, wie lange der Hopfen nach Kochende noch in der heißen Würze liegt, bevor in den Gärbottich umgefüllt wird. In dieser Phase lösen sich noch eine Menge Bitterstoffe, daher ist die Nachlaufzeit für die Berechnung der Hopfenmenge von großer Relevanz.

NEW ENGLAND IPA

[16 °PLATO, 7 % ALKOHOL, 35 IBU]

Wenn dir die klassischen IPAs zu bitter sind, du aber trotzdem auf fruchtige Hopfenbomben stehst, wirst du mit der New-England-Variante des India Pale Ales deine helle Freude haben. Das NEIPA besticht durch seine tropischen Hopfenaromen und ist durch seine kaum auffällige Bitternote unheimlich leicht zu trinken. Nicht nur geschmacklich, auch optisch erinnert dieses sehr trübe Bier an Multivitaminsaft. Daher ist dieses IPA aus dem amerikanischen Nordosten die ideale Erfrischung für Hopheads an heißen Sommertagen.

Schüttung:
4500 g Pale-Ale-Malz oder Pilsener Malz
1500 g helles Weizenmalz
500 g Haferflocken
500 g helles Karamellmalz

HAUPTGUSS: 18 l
NACHGUSS: 12 l

Maischen:
Wasser bei 75/76 °C
Maische bei 67 °C

Hopfen:
10 g Mosaic (11 % Alphasäure) zur Vorderwürze (70 Minuten Kochzeit)

25 g Mosaic (11 % Alphasäure) und 25 g Cascade (6 % Alphasäure) bei Kochende (0 Minuten Kochzeit)

Hefe:
M36 Liberty Ale, US-05

KALTHOPFUNG WÄHREND DER GÄRUNG [DRINGEND EMPFOHLEN!]:
80 g Mosaic für 5 Tage
80 g Cascade für 5 Tage

BLACK IPA

[16 °PLATO, 7 % ALKOHOL, 60 IBU]

Ein IPA, so schwarz wie die Nacht, ist das Black India Pale Ale. „Black" und „pale" zugleich: Dieses Obergärige ist sowohl röstaromatisch wie ein Porter, aber gleichzeitig auch fruchtig wie ein American IPA. Es gibt auf dem Biermarkt der Kreativbrauer eben nichts mehr, was es nicht gibt. Das untenstehende Rezept ist nach einer Idee von Christian Hans Müller von Hanscraft & Co. entstanden. Es beinhaltet Roggenmalz, allerdings nur einen geringen Anteil, sodass die Klebeeiweiße aus dem Roggen das Läutern nicht sonderlich erschweren sollten.

Schüttung:

5600 g Pilsener Malz
700 g Roggenmalz
350 g Roggenkaramellmalz oder dunkles Gerstenkaramellmalz
350 g dunkles Röstmalz

HAUPTGUSS: 18 l
NACHGUSS: 12 l

Maischen:

Wasser bei 75 °C
Maische bei 66 °C

Hopfen:

18 g Columbus (15 % Alphasäure) zur Vorderwürze (90 Minuten Kochzeit)

14 g Hüll Melon (6 % Alphasäure) und 7 g Citra (12 % Alphasäure, 40 Minuten Kochzeit)

18 g Hüll Melon (6 % Alphasäure) und 9 g Citra (6 % Alphasäure) bei Kochende (0 Minuten Kochzeit)

Hefe:

US-05

KALTHOPFUNG NACH DER GÄRUNG [DRINGEND EMPFOHLEN!]:

40 g Hüll Melon für 5 Tage
40 g Citra für 5 Tage

SAISON

[14 °PLATO, 6 % ALKOHOL, 30 IBU]

Das Saison, auch Farmhouse Ale genannt, stammt ursprünglich aus der Wallonie in Belgien und wurde dort früher von Bauern in den Wintermonaten eingebraut, damit ihre Hilfskräfte in den wärmeren Monaten genug zu trinken hatten. Denn für lange Pausen und feste Nahrung fehlte während der Ernte oft die Zeit. Das Bier ist seit jeher sehr trocken vergoren und wird geschmacklich durch seine süßlich-fruchtigen Hefenoten dominiert. Die Verwendung des Hallertauer Blanc mit seinen Aromen von Stachelbeere und Zitrusfrucht unterstreicht die Fruchtigkeit der Hefe nochmals.

Schüttung:
4000 g Pilsener Malz oder Wiener Malz
1250 g helles Weizenmalz
250 g Haferflocken

HAUPTGUSS: 18 l
NACHGUSS: 12 l

Maischen:
Wasser bei 74 °C
Maische bei 66 °C

Hopfen:
18 g Hallertauer Blanc (8 % Alphasäure)
zur Vorderwürze (70 Minuten Kochzeit)

23 g Hallertauer Blanc (8 % Alphasäure)
bei Kochende (0 Minuten Kochzeit)

Hefe:
Belle Saison

KALTHOPFUNG NACH DER GÄRUNG [OPTIONAL]:
40 g Hallertauer Blanc für 5 Tage

ROSMARIN-ALE

[13,5 °PLATO, 5,5 % ALKOHOL, 30 IBU]

Ein Gewürzbier nicht nur für Anfänger: Die ätherischen Öle des Rosmarins passen hervorragend zu den Zitrusaromen, die der amerikanische Hopfen Citra mitbringt. Als Grundlage für dieses fantastische Zusammenspiel der Aromen bietet sich ein helles Ale mit leicht-süßlichen Karamellaromen an. Auch im Kaltbereich könntest du nach der Gärung nochmals frischen Rosmarin hinzugeben, wenn dich dieses Gewächs wirklich fasziniert. Sei allerdings vorsichtig bei der Dosierung: Das Rosmarinaroma baut sich über die Zeit kaum ab.

Schüttung:
5000 g Pilsener Malz oder Wiener Malz
500 g helles Karamellmalz

HAUPTGUSS: 18 l
NACHGUSS: 12 l

Maischen:
Wasser bei 74 °C
Maische bei 66/67 °C

Hopfen:
12 g Citra (12 % Alphasäure) zur Vorderwürze (70 Minuten Kochzeit)

15 g Citra (12 % Alphasäure) bei Kochende (0 Minuten Kochzeit)

AUSSERDEM:
25 g frischer Rosmarin (10 Minuten Kochzeit)

Hefe:
Nottingham Ale oder S-04

KALTHOPFUNG NACH DER GÄRUNG [OPTIONAL]:
20 g Citra für 5 Tage

ROTBIER

[13 °PLATO, 5,5 % ALKOHOL, 30 IBU]

Die „Rauchige Zora" habe ich mein leicht rauchiges Rotbier nach obergäriger Brauart getauft. Der geringe Anteil an Rauchmalz macht es auch für Craftbieranfänger genießbar. Es passt aufgrund seiner dezenten Rauchnoten aber auch ausgezeichnet als flüssiger Begleiter zu Schwarzwälder Schinken oder geräuchertem Fisch. Knallig rot wird das Bier mit BEST Red X®. Wenn du das nicht vorrätig hast, kannst du auch selber versuchen, mit Wiener Malz und Melanoidinmalz im richtigen Verhältnis den für dich ansprechendsten Rotton ins Selbstgebraute zu bekommen.

Schüttung:

5000 g BEST Red X®
250 g Rauchmalz

ODER:

4500 g Wiener Malz
500 g Melanoidinmalz
250 g Rauchmalz

HAUPTGUSS: 18 l
NACHGUSS: 12 l

Maischen:

Wasser bei 74 °C
Maische bei 67 °C

Hopfen:

24 g Perle (5 % Alphasäure) zur Vorderwürze (70 Minuten Kochzeit)

31 g Perle (5 % Alphasäure) bei Kochende (0 Minuten Kochzeit)

Hefe:

Nottingham Ale oder S-04

HIMBEERGOSE

[11 °PLATO, 4,5 % ALKOHOL, 20 IBU]

Fruchtbiere aller Art eignen sich für bierbegleitende Menüs besonders gut zum Dessert, aber auch als Aperitif sind diese leichten Brauerzeugnisse an sonnigen Tagen ein wahrer Genuss. Eine sommerliche Erfrischung bietet zum Beispiel die Gose, ein traditioneller, wiederentdeckter deutscher Bierstil, eingebraut mit Salz und Koriander. Die Jungs von MÜCKE Craft Beer aus Essen wollten beides kombinieren und brauten eine traumhaft fruchtige Himbeergose ein. Das Rezept, optimiert für die Einkocherklasse, verrät Dennis Pfahl dir gerne an dieser Stelle.

Schüttung:
2500 g Pilsener Malz
2000 g helles Weizenmalz

HAUPTGUSS: 18 l
NACHGUSS: 12 l

Maischen:
Wasser bei 71 °C
Maische bei 65 °C

Hopfen:
7 g Summit (16 % Alphasäure) zur Vorderwürze (70 Minuten Kochzeit)

15 g Lemondrop (5 % Alphasäure) bei Kochende (0 Minuten Kochzeit)

AUSSERDEM:
30 ml Milchsäure (80 %), 11 g Meersalz und 500 g Himbeeren (püriert), 10 Minuten vor Kochende hinzugeben

20 g Koriandersaat (gemörsert), 0 Minuten vor Kochende hinzugeben

Hefe:
Nottingham Ale

VANILLA MILK STOUT

[13 °PLATO, 5,5 % ALKOHOL, 40 IBU]

Gerade in den Wintermonaten darf's gerne mal etwas dunkler und kräftiger sein. Stouts bieten dir da besondere Variationsmöglichkeiten. Das recht kostspielige Gewürz Vanille kann einem leicht süßlichen Stout beispielsweise ein sensationelles Aroma verleihen. Daher solltest du das Vanilla Milk Stout unbedingt einmal nachbrauen. Neben Vanille und Haferflocken findet sich in diesem Rezept noch ein weiterer Reinheitsgebotsverbrecher: Milchzucker. Er ist unvergärbar und gibt dem Bier so eine süße Note. Kostengünstiger wird dieses Bier, wenn du auf die Vanille verzichtest und dieses Milk Stout mit Zimt als Ersatzzutat einbraust.

Schüttung:
5000 g Wiener Malz oder Pale-Ale-Malz
1000 g Münchner Malz
300 g dunkles Karamellmalz
300 g Röstmalz oder Röstgerste
200 g Haferflocken

HAUPTGUSS: 16 l
NACHGUSS: 14 l

Maischen:
Wasser bei 77 °C
Maische bei 68 °C

Hopfen:
45 g Northern Brewer (8 % Alphasäure) zur Vorderwürze (70 Minuten Kochzeit)

AUßERDEM:
250 g Milchzucker, 10 Minuten vor Kochende hinzugeben

Hefe:
Nottingham Ale oder S-04

NACH DER GÄRUNG:
Je nach Wunsch (und Geldbörse) solltest du 4 bis 10 längs aufgeschnittene Vanilleschoten zunächst für 5 Tage in gutem Whisky oder Rum einlegen, um die Vanillearomen zu extrahieren. Anschließend gibst du sowohl die Vanille als auch den Alkohol ins Gärfass und wartest mit dem Abfüllen nochmals 5 Tage, bis sich alle Aromen im Jungbier verteilt haben.

GELBBIER MIT GRUT

[13,5 °PLATO, 6 % ALKOHOL, 22 IBU]

Dieses historische Grutbier stammt ursprünglich aus dem 14. Jahrhundert. Das uralte Rezept hat Jürgen Knoke von den Kölner Bierhistorikern zunächst auf seine moderne Anlage angepasst. Für dich habe ich es auf unser Rezeptsystem übersetzt. Das Ergebnis sollte dem traditionellen Gelbbier nach dem Kölner Grutverfahren, bei dem die Kräuter mit eingemaischt wurden, geschmacklich dennoch sehr ähneln. Im Mittelalter war es übrigens üblich, Biere nach ihrer Farbe zu benennen. So kam dieses Kräuterbier zu seinem Namen.

Schüttung:

4000 g Böhmisches Tennenmalz
oder Pilsener Malz
1000 g Klostermalz/Abbey-Malz
500 g helles Karamellmalz

AUßERDEM:
12 g Gagel
12 g Wacholderbeeren
1 g Lorbeer
1 g Ingwer
1 g Anis
1 g Kümmel

HAUPTGUSS: 18 l
NACHGUSS: 12 l

Maischen:

Wasser bei 74 °C
Maische bei 67 °C

Hopfen:

15 g Northern Brewer (8 % Alphasäure)
zur Vorderwürze (90 Minuten Kochzeit)

20 g Hallertauer Mittelfrüh (3 % Alphasäure, 15 Minuten Kochzeit)

Hefe:

Nottingham Ale und Belle Saison
(Mischvergärung)

PILS

[12 °PLATO, 5 % ALKOHOL, 35 IBU]

Die Königsdisziplin im Brauen heißt Pils. Sie existiert seit dem Jahr 1842, als der bayerische Braumeister Josef Groll in Pilsen das erste Mal einen Prototypen dieses Bierstils braute. Trotz seines noch jungen Alters hat sich das Pils europaweit als beliebtester Biertyp etabliert. Wenn du dich bereit für dieses anspruchsvolle Projekt fühlst und den Kühlschrank für den Gärbottich schon freigeräumt hast, kannst du jetzt dein Können unter Beweis stellen. Die Idee für dieses einfache Pilsrezept hatte Tobias Palmer von Ruhrpottbrew. Dieses Bier passt gut zu Mettwurst.

Schüttung:
4000 g Pilsener Malz
500 g helles Karamellmalz

HAUPTGUSS: 18 l
NACHGUSS: 12 l

Maischen:
Einmaischen bei 50 °C Wassertemperatur, anschließend aufheizen (in den Aufheizphasen immer rühren!)

Maltoserast bei 63 °C für 45 Minuten
Verzuckerungsrast bei 72 °C für 20 Minuten
Abmaischen bei 78 °C

ALTERNATIV:
Wasser bei 73 °C
Maische bei 67 °C

Hopfen:
40 g Spalt Spalter (4 % Alphasäure)
zur Vorderwürze (70 Minuten Kochzeit)

45 g Spalt Spalter (4 % Alphasäure)
bei Kochende (0 Minuten Kochzeit)

Hefe:
W34/70 oder S-23 bei 12 °C (doppelte Hefemenge!)

PFEFFER-PORTER

[14 °PLATO, 6 % ALKOHOL, 33 IBU]

Dieses Porter bringt reichlich Aromen zum Entdecken mit. Es ist malzig, röstaromatisch, würzig, hopfig und zu guter Letzt auch pfeffrig. Dich erwartet hier also ein echtes Geschmacksabenteuer. Das Beste an diesem Craftbier: Es braucht im Gegensatz zu anderen sehr dunklen Brauerzeugnissen keine lange Reifephase, sondern kann sofort getrunken werden. Es ist bereits nach kurzer Lagerung herrlich rund. Der Pfeffer gibt dem Bier den nötigen Kick. Wenn du es scharf magst, dann entscheide dich für schwarzen Pfeffer, milder wird es mit grünem Pfeffer.

Schüttung:

3000 g Münchner Malz
2000 g Wiener Malz
500 g dunkles Karamellmalz
250 g Röstmalz

HAUPTGUSS: 16 l
NACHGUSS: 14 l

Maischen:

Wasser bei 76 °C
Maische bei 68 °C

Hopfen:

30 g Northern Brewer (8 % Alphasäure) zur Vorderwürze (70 Minuten Kochzeit)

20 g Perle (5 % Alphasäure) bei Kochende (0 Minuten Kochzeit)

AUßERDEM:

20 g Pfeffer (schwarz oder grün, grob gemörsert) bei Kochende (0 Minuten Kochzeit)

Hefe:

Nottingham Ale oder S-04

GUT ZU WISSEN

Wo du dein Brauequipment bestellen kannst und auf welchen Webseiten sich viele Tipps, Tricks und neue Craftbierrezepte finden lassen: Dieses Kapitel hält Antworten bereit. Außerdem habe ich für dich ein Glossar rund ums Bierbrauen zusammengestellt.

GLOSSAR

Alpha-Amylase: Im Malz enthaltendes Enzym, das während des Maischens Stärke in unvergärbaren Zucker umwandelt. Dieser bleibt unberührt von der Hefe und sorgt im Bier für Restsüße und Vollmundigkeit.

Alphasäure: Inhaltsstoff des Hopfens, der für die Bitterung des Bieres verantwortlich ist.

Anstellen: Zugabe der Hefe.

Aromahopfen: Hopfensorte mit einem hohen Ölanteil, betont das Hopfenaroma eines Bieres.

Beta-Amylase: Im Malz enthaltendes Enzym, das während des Maischens Stärke in vergärbaren Zucker umwandelt. Dieser wird in der Gärung von der Hefe zu Alkohol und Kohlensäure verstoffwechselt.

Bitterhopfen: Hopfensorte mit einem hohen Alphasäuregehalt, optimal zum Bittern eines Bieres geeignet.

Braugerste: Getreide mit hohem Stärkeanteil, das zur Malzherstellung verwendet wird.

Darren: Schritt bei der Vermälzung, bei dem die gekeimten Gerstenkörner mit Heißluft getrocknet werden.

Dekoktionsverfahren: Traditionelles Maischverfahren, bei dem ein Teil der Maische gekocht und anschließend der Restmaische wieder zugegeben wird, um die nächste Rast-/Temperaturstufe zu erreichen.

Dimethylsulfid (DMS): Fehlaroma; Verbindung, die ein Gemüsearoma erzeugt; vorrangig durch helles Malz in der Würze; wird beim Kochen ausgetrieben.

Ester: Stoffgruppe, die für unterschiedliche, zumeist fruchtige Aromen im obergärigen Bier verantwortlich ist; entsteht während der Gärung (Gärnebenprodukt).

Fuselalkohole: Gruppe von Begleitalkoholen, die unter anderem für den Kater am nächsten Morgen sorgen können; entstehen während der Gärung (Gärnebenprodukt).

Gärbottich: Gefäß, in dem die Würze zu Jungbier vergoren wird; eine Funktion, die der Läuter- und Gäreimer erfüllt.

Gärnebenprodukte: Zusätzliche Gärprodukte neben Alkohol (Ethanol) und Kohlensäure; z. B. Ester, Fuselalkohole.

(Haupt-)Gärung: Stoffwechselprozess der Hefe, bei dem aus Malzzucker Alkohol und Kohlensäure wird; Durchführung im Gärbottich.

Hauptguss: Wassermenge, die zum Einmaischen des geschroteten Malzes Verwendung findet.

Hopfenpellets: Gesäuberte und gemahlene Hopfendolden, anschließend in kleine zylindrische Einheiten gepresst.

Hopfenseihen: Auffangen der Hopfenrückstände bei der Filtrierung der Würze.

IBU: International Bitterness Units; Maßeinheit für die Bittere, die der Hopfen an das Bier abgibt.

Infusionsverfahren: Modernes Maischverfahren, bei dem durch Aufheizen eine bestimmte Rast-/Temperaturstufe für die Verzuckerung erreicht wird.

Jodprobe: Stärkenachweis mittels Jod.

Kalthopfung: auch Hopfenstopfen; späte Hopfengabe nach der Gärung, bei der sich ätherische Öle im Jungbier lösen und für auffällige Aromen im späteren Bier sorgen.

Karamellmalze: Spezialmalze, die dem Bier Süße und Vollmundigkeit geben.

(Auf-)Karbonisierung: Hinzufügen von Kohlensäure; im Heimbraubereich unter anderem durch den Nachgärungsprozess möglich.

Kräusen: Durch die Hefe entstandene schaumige Oberfläche während der Gärung im Gärbottich.

Läuterbottich: Gefäß, in dem die Würze vom Treber getrennt wird; eine Funktion, die der Läuter- und Gäreimer erfüllt.

Läuterspirale: Hilfreiches Utensil für den Läuterprozess; z. B. Modelle „Läuterhexe" oder „Läuterfreund".

Maische: Haferbreiähnliches Gemisch aus geschrotetem Malz und erhitztem Wasser.

Maltoserast: Wichtige Raststufe im Maischprozess bei ca. 63 °C, bei der hauptsächlich das Enzym Beta-Amylase den Abbau der Stärke zu vergärbarem Zucker bewirkt.

Nachgärung: (Auf-)Karbonisierung des Biers und Abbau des Jungbiergeschmacks in der Flasche; Dauer: ungefähr eine Woche.

Nachguss: Wassermenge, die beim Läutern zum Herausspülen der Zucker aus dem Treber verwendet wird.

Jungbier: Frisch vergorenes Bier, direkt nach der Hauptgärung.

Plato: Maß für die Stammwürze, den Zuckergehalt der Würze; °P (Grad Plato).

Rasten: Phase im Maischprozess, bei der eine Temperatur für eine Zeit lang konstant gehalten wird.

Rehydrieren: Beim Rehydrieren kommt die Trockenhefe wieder in Kontakt mit Wasser. So werden die Hefezellen optimal aufs Anstellen vorbereitet.

Restextrakt: Zuckergehalt im Jungbier zum Ende der Gärung.

Schüttung: Als Schüttung bezeichnet man die Gesamtmenge aller verwendeten Malze pro Brauvorgang.

Speise: Ein Teil der im Brauprozess (ca. 15 %) hergestellten Bierwürze, der zunächst für die spätere Nachgärung zurückgehalten und während des Abfüllens dem Jungbier zum Zweck der Karbonisierung wieder hinzugegeben wird.

Stammwürze: Zuckergehalt in der Würze; gemessen in °P (Grad Plato) mit der Bierwürzespindel im Spindelzylinder.

Treber: Fester Bestandteil der Maische nach dem Läutern; ausgelaugtes Malz; kann unter anderem zu Treberbrot weiterverarbeitet werden.

Trubstoffe: Eiweiße und nicht gelöste Hopfenbestandteile in der Würze (oder im Bier).

Umschlauchen: Das Überführen der Bierwürze oder des Jungbiers in ein anderes Behältnis mittels Schlauch.

Vermälzung: Verarbeitung des Gerstenkorns zum Malzkorn.

Verzuckerungsrast: Wichtige Raststufe im Maischprozess bei ca. 72 °C, bei der hauptsächlich das Enzym Alpha-Amylase den Abbau der Stärke zu unvergärbarem Zucker bewirkt.

Vorderwürze: Frisch geläuterter erster Anteil der Würze, bevor der Nachguss hinzugegeben wird; unverdünnte Würze.

Whirlpool: Durch eine kreisförmige Rührbewegung erzeugter Strudel nach Ende des Hopfenkochens. Der Whirlpool bewirkt, dass sich am Boden des Einkochers ein Kegel mit Trubstoffen absetzt, der nicht in den Gärbottich umgeschlaucht werden soll.

Würze: Flüssiger Anteil der Maische; wird im letzten Schritt mit Hefe zu Bier vergoren.

Würzekochen: Kochprozess, bei dem die Würze zusammen mit dem Hopfen gekocht wird; dabei werden unter anderem die Bitterstoffe aus dem Hopfen herausgelöst.

BRAUBEDARFSHOPS

adams-hardware.de Ole Adam ist der Spezialist für Rührwerke. In seinem Shop findest du zum Beispiel passgenaue Modelle für die Einkocherklasse, aber auch größere Töpfe. Außerdem bekommst du hier den Leuterator, eine sehr günstige Läuterhilfe.

amihopfen.com Hier musst du nie lange auf deine Bestellung warten. Es gibt sogar einen Hefe-Notdienst für den Fall, dass du mal nicht das richtige Tütchen für dein Craftbier vorrätig hast.

brauhardware.de Bei brauhardware.de kannst du unter anderem Rührwerke für unterschiedliche Topfdurchmesser bestellen und bekommst den Läuterfreund, eine sehr empfehlenswerte Läuterhilfe für alle Topfgrößen.

braumischung.de Wenn du deine ersten Versuche gewagt hast, kannst du dir hier fertige Braumischungen bestehend aus Malz, Hopfen und Hefe bestellen, um so noch mehr spannende Bierstile kennenzulernen oder einfach nur die Zeit fürs Zusammensuchen der Rohstoffe zu sparen.

brewpaganda.com Rührwerke, Braukessel, Läuterlösungen: Auch bei brewpaganda.com findest du reichlich Brauequipment, das auch optisch sehr ansprechend ist. Die Jungs drücken ihren Gerätschaften gerne ihren eigenen Stempel auf.

candirect.eu Candirect hat seinen Sitz in Duisburg und bietet neben klassischem Heimbraubedarf auch automatische Brauanlagen und vor allem KEGs in vielen Größen nebst Zubehör an.

hobbybrauerversand.de Der Allrounder ist „Hopfen und mehr", der Hobbybrauerversand. Das meiste deiner Brauausrüstung wirst du hier finden können.

hopfen-der-welt.de Eine riesige Auswahl an nationalen und internationalen Hopfensorten hat „Hopfen der Welt" zu bieten.

hopfenhandel-resch.de Martin Resch ist in der Hallertau geboren und damit ein Kind des Hopfens. Seit Juni 2017 existiert sein Onlineshop, dessen Angebot nach und nach erweitert wird. Martin plant, neben

Hopfen auch Malze, Hefen und Brauereiartikel anzubieten.

mattmill.de Auf der Seite von MattMill erfährst du mehr über die einzelnen Läuteroptionen und Schrotmühlen. Die Produkte selbst erhältst du über hobbybrauerversand.de und hopfenhandel-resch.de.

schnapsbrenner.eu Beim „Schnapsbrenner" gibt's oftmals die besten Preise. Da solltest du unbedingt mal vorbeischauen.

zapfanlagendoktor.de Beim Zapfanlagendoktor ist der Name Programm: In erster Linie dreht sich hier alles um Fässer und Zapfanlagen. Aber auch sonst findet man viel Nützliches an Brauzubehör in diesem schmucken Onlineshop.

DIE EXPERTEN IM INTERNET

Jan Grün (Mof Mof)
www.mof-mof.de
www.facebook.com/mofmof.aachen
www.instagram.com/mof_mof_ac

Jürgen Knoke (Kölner Bierhistoriker e.V.)
www.koelnerbierhistoriker.org
www.facebook.com/bierhistoriker

Markus Maurer (Bieragentur Dortmund)
www.bieragentur-do.de
www.facebook.com/bieragenturdortmund
www.instagram.com/bieragentur
www.twitter.com/bieragenturdo

Christian Hans Müller (Hanscraft & Co.)
www.hc-co.de
www.facebook.com/hanscraftco
www.instagram.com/hanscraftco
www.twitter.com/hanscraftco

Tobias Palmer (Ruhrpottbrew)
www.ruhrpottbrew.de
www.facebook.com/ruhrpottbrew
www.instagram.com/ruhrpottbrew1

Dennis Pfahl (MÜCKE Craft Beer)
www.muecke-craftbeer.de
www.facebook.com/muecke.craftbeer
www.instagram.com/muecke_bier

HILFREICHE LINKS

brauerei.mueggeland.de Hier findest du eine Reihe hilfreicher Berechnungstools – zum Beispiel zum Alkoholgehalt und der Hopfenausnutzung – sowie zusätzlich noch weitere Rezepte, an denen du dich als Fortgeschrittener einmal ausprobieren kannst.

braumagazin.de Das „Braumagazin" erscheint einmal im Quartal und kann kostenlos auf der Webseite gelesen werden. Die Autoren sind größtenteils Heimbrauer, die sich äußerst gut mit Bier und seinen Eigenschaften auskennen. Fortgeschrittene Heimbrauer haben daran richtig Freude.

hobbybrauer.de/forum Das Hobbybrauerforum ist deine Schnellhilfeoption: Hier wurden wirklich alle Fragen zum Thema Bierbrauen schon einmal beantwortet. Die Community ist sehr aktiv und hilfsbereit. Nutze aber bitte dennoch erst die Suchfunktion, bevor du eine Frage stellst, die vielleicht schon unzählige Male thematisiert wurde.

joerum.de/kleiner-brauhelfer Der „Kleine Brauhelfer" ist ein kostenloses Tool, mit dem du deine eigenen Rezepte kreieren und abspeichern kannst. Außerdem bietet es die Möglichkeit, deinen Bestand an Rohstoffen festzuhalten.

maischemalzundmehr.de Bei „Maische, Malz und mehr" erwartet dich eine große Rezeptdatenbank mit vielen Bieren, die auch für Anfänger gut geeignet sind.

NACHGESCHLAGEN

Achener Printen 131
Abbaye Belgian Ale 72
Abfüllen 38
Abfüllpistole 38
Acetaldehyd 111
Alkoholfehler 31
Alkoholfreies Bier 83
Alphasäuregehalt 58
Armaflex 21
Aromaölgehalt 58
Ausschlagwürze 119
Autolyse 110
Avvinatore 36

Backhefe 70
Barrelaging 106
Belle Saison 72
Benzaldehyd 111
BIAB 18
Bierheber 104
Bierkit 80
Bierwürzespindel 29
Black IPA 161
Blast 36
Brauen ohne Nachgüsse 19
Brettanomyces 76
Brew-in-a-Bag 19
Bügelflasche 41

Chili 131
Cold Crash 104
Colonia F. 72

Dekoktion 89
Desinfektionsmittel 13
Desinfizieren 13
Diacetyl 111
Diacetylrast 75
Dimethylsulfid 111
Dinkelmalz 54
Dosierhilfe 103
Dreimaischverfahren 90

Eichenholzfasschip 106
Einkocher-Rührwerk 26
Eintauchwürzekühler 33
Eiweißrast 93
Emmermalz 54
Entlüften 38
Equipment 11
Ernten, Hefe 68
Etikett 152
Extraktbrauen 80

Ferularast 93
Flaschenbacken 37
Flaschenbürste 35
Flaschenmanometer 45
Flaschenwaschen 34
Flüssighefe 65
Foodpairing 139
Fruchtbier 133
5-Liter-Dose 42

Gärbottich 24
Gelbbier mit Grut 173
German Ale 72
Gewürzbier 129
Glukanaserast 93
Glutenfreie Biere 85
Grünschlauchen 101
Grutbier 125
Gummirast 93
Gussführung 120
Gypsy Brewing 151

Hafermalz 54
Hefe 64
Hefestarter 69
Himbeergose 169
Honig 133
Hopfenaroma 61
Hopfenfilter 60
Hopfenharze 98
Hopfenöl 58
Hopfenstopfen 58

I

Induktionskochplatte 23
Infusionsspirale 106
Infusionsverfahren 92
Ingwer 131
Irish Moss 104

K

Kalthopfung 58, 59
Karbonathärte 49
Karbonisierung 113
Karbonisierungsdrop 103
Keg 43
Kochmaischverfahren 89
Kombirast 92
Konvektionsrast 96
Kräusen 98
Kronkorken 42
Kühlbox 19
Kühlschlange 32

L

Lagermöglichkeit 153
Lagerung 108
Läuterblech 28
Läuterhilfe 27
Läuterspirale 27
Lichtgeschmack 109
Lovibond 120

M

M54 Californian Lager 73
Maischekorb 20
Maischesack 19
Maltoserast 92
Malzauswahl 51
Malzbier 84
Malzmühle 15
Mischgärung 76
Munich Classic 72

N

Nachgärung 45
New England IPA 158
Nicht-Karbonathärte 49
Nottingham Ale 71

O

Off-Flavour 111
Overpitching 67
Oxidation 109

P

Pfeffer 131
Pfeffer-Porter 177
Pils 73, 174
Plattenwürzekühler 33

R

Raststufe 25
Refraktometer 30
Rehydrieren, Trocken-
  hefe 66
Reinigen 13
Restalkalität 49
Restextrakt 31
Rezeptdatenbank 122
Rezeptentwicklung 116
Rohfrucht 54
Rohstoffe 47
Rosmarin 129
Rosmarin-Ale 165
Rotbier 52, 166
Rührwerk 25

S

S-04 71
Saflager S-23 75
Saflager W34/70 72
Saison 162
Salbei 131
Sauerbier 13
Säureenthärtung 50

Schaumkrone 94
Schaumstabilität 94
Scheibenmalzmühle 17
Schnellvergärungspro-
  be 101
Speise 102
Stammwürze 29
Steepen 82
Sudhausausbeute 119

T

Thermoport 24
Topfisolierung 21
Treber-Hummus 147
Treber-Nussbrot 149
Trinkreife 87
Trockenhefe 65, 71
Trubkegel 96

U

Underpitching 67
US-05 71

V

Vanilla Milk Stout 170
Vanille 131
Verkorken 38
Verkorker 42
Verkosten 140
Vermarktung 150
Verzuckerungsrast 93

W

Walzenmühle 17
Wasseraufbereitung 48
Weizen 54
Weizenrast 93
Wildhopfen 63
WSL-17 84
Würzekühler 32

DER AUTOR

Ferdinand Laudage, 1982 geboren in Europas alter Bierhauptstadt Dortmund, ist freier Journalist und diplomierter Biersommelier. Seit 2013 braut er selbst Bier. Die Einsteigerliteratur ließ er damals links liegen und versuchte sich lieber als Autodidakt. Das ging anfangs natürlich mächtig in die Hose, aber: Aus Fehlern lernt man. Sein erlangtes Wissen rund ums Selberbrauen und Biergenießen vermittelt er deshalb seit 2015 allen Interessenten in Brauseminaren und Bierverkostungen für die Bieragentur Dortmund.

Weitere Informationen zum Autor im Netz: bieragentur-do.de

BILDQUELLEN

Alle Bilder stammen von **Dominic Krause** mit Ausnahme der folgenden:
Brücklmeier, Jan: S. 44; Graeser, Alexander: S. 188; Grün, Jan: S. 143, 144, 146 und 149; Kagelmacher, Falk: S. 74; Knoke, Jürgen: S. 127; Lehnen, Michael: S. 64; Pfahl, Dennis: S. 151; Reckermann, Aylin: S. 122
Model und Braulehrling: **Ivan Vukoja**

IMPRESSUM

Die in diesem Buch enthaltenen Empfehlungen und Angaben sind vom Autor mit größter Sorgfalt zusammengestellt und geprüft worden. Eine Garantie für die Richtigkeit der Angaben kann aber nicht gegeben werden. Autor und Verlag übernehmen keine Haftung für Schäden und Unfälle. Bitte setzen Sie bei der Anwendung der in diesem Buch enthaltenen Empfehlungen Ihr persönliches Urteilsvermögen ein. Der Verlag Eugen Ulmer ist nicht verantwortlich für die Inhalte der im Buch genannten Websites.

Bibliografische Information der Deutschen Nationalbibliothek
Die Deutsche Nationalbibliothek verzeichnet diese Publikation in der Deutschen Nationalbibliografie; detaillierte bibliografische Daten sind im Internet über http://dnb.d-nb.de abrufbar.
Das Werk einschließlich aller seiner Teile ist urheberrechtlich geschützt. Jede Verwertung außerhalb der engen Grenzen des Urheberrechtsgesetzes ist ohne Zustimmung des Verlages unzulässig und strafbar. Das gilt insbesondere für Vervielfältigungen, Übersetzungen, Mikroverfilmungen und die Einspeicherung und Verarbeitung in elektronischen Systemen.

© 2018 Eugen Ulmer KG
Wollgrasweg 41, 70599 Stuttgart (Hohenheim)
E-Mail: info@ulmer.de
Internet: www.ulmer.de
Konzept: Christine Hutschenreuther
Lektorat: Alessandra Kreibaum, Lisa Seibel
Herstellung: Silke Reuter
Umschlag-Konzeption: Ruska, Martín, Associates GmbH, Berlin
Gestaltung: Michaela Mayländer, Stuttgart, www.sistermic.de
Satz: red.sign, Stuttgart: Susanne Junker
Bildbearbeitung: timeRay, Jettingen
Druck und Bindung: Firmengruppe APPL, aprinta Druck, Wemding
Printed in Germany

ISBN 978-3-8186-0536-0

Hier können Sie weiterlesen.

Craft-Bier einfach selber brauen. Brew it yourself.
Ferdinand Laudage. 2017. 128 S.,
64 Farbfotos, Spiralbindung.
ISBN 978-3-8186-0005-1.

Diese Brauanleitung zeigt dir, wie du ganz einfach und unkompliziert dein erstes, eigenes, süffiges Pale Ale brauen kannst. Schritt für Schritt führt sie dich durch alle Vorbereitungen und deinen ersten Brautag bis zum fertigen Bier. Dann kannst du kreativ werden: Mit den Basics über Zutaten und Brauprozess kannst du dein Lieblingsbier entwickeln und 10 weitere Rezepte für verschiedene Bierstile ausprobieren und variieren. Mit Checklisten, Tipps und Schritt-für-Schritt-Anleitungen. Kompakt, praktisch, kreativ.

Die hohe Kunst des Bierbrauens.

Bier brauen.
Grundlagen, Rohstoffe, Brauprozess.
Jan Brücklmeier. 2018. 492 S., 125 Farbfotos, 213 farbige Zeichnungen, geb.
ISBN 978-3-8001-0927-2.

Wer beim Heimbrauen gerne optimiert und experimentiert, sein eigenes, besonderes und exzellentes Bier brauen möchte, braucht ein adäquates Nachschlagewerk für seine Kunst, in der alles Wichtige zu finden ist. Der Ingenieur für Brauwesen Jan Brücklmeier vermittelt detailliert und unterhaltsam Fachwissen zu allen wichtigen Bereichen des Heimbrauens: Ausrüstung, Rohstoffe, Brauprozess, Hefezucht, Desinfektion, Bierverkostung, Troubleshooting. Raffinierte Rezepte im 20-l-Maßstab regen zur eigenen Rezeptentwicklung an.

Saisonale Schnapsideen.

Liköre – regional und saisonal.
Aus Garten, Wald und Wiese.
Susanne Oettle. 2017, 120 Seiten,
65 Farbfotos, Klappenbroschur.
ISBN 978-3-8001-0830-5.

Kräuterexpertin Susanne Oettle zeigt, wie Sie Ihren eigenen Likör ganz einfach selbst machen können – mit rein regionalen und saisonalen Zutaten. Über 40 raffinierte Rezeptkreationen reichen von Holunderblüten- über Kirsch- und Hagebutten- bis hin zu Bratapfel- und Haselnusslikör. Das nötige Hintergrundwissen zum passenden Equipment, der Frucht- und Kräuterauslese und dem richtigen Ansetzen mit Spirituosen liefert der kompakte Ratgeberteil.